张海鹏精选集

张海鹏◎著

人民日报出版社

北京

图书在版编目（CIP）数据

张海鹏精选集 / 张海鹏著 . –– 北京：人民日报出
版社 , 2023.9
　ISBN 978-7-5115-7952-2

　Ⅰ . ①张… Ⅱ . ①张… Ⅲ . ①史学—中国—文集
Ⅳ . ① K207-53

中国国家版本馆 CIP 数据核字（2023）第 158239 号

书　　　名：张海鹏精选集
　　　　　　ZHANG HAIPENG JINGXUAN JI
作　　　者：张海鹏

出 版 人：刘华新
策 划 人：欧阳辉
责任编辑：周海燕　　刘君羽
装帧设计：元泰书装

出版发行：人民日报出版社
社　　址：北京金台西路2号
邮政编码：100733
发行热线：（010）65369509　65369512　65363531　65363528
邮购热线：（010）65369530　65363527
编辑热线：（010）65369518
网　　址：www.peopledailypress.com
经　　销：新华书店
印　　刷：北京盛通印刷股份有限公司
法律顾问：北京科宇律师事务所　（010）83622312

开　　本：710mm×1000mm　1/16
字　　数：205千字
印　　张：19.75
版次印次：2024 年 1 月第 1 版　2024 年 1 月第 1 次印刷

书　　号：ISBN 978-7-5115-7952-2
定　　价：78.00元

前　言

人民日报出版社要出版一套"人民文选"系列图书，精选各领域、各学科专家学者的研究成果及文章，进行整理集纳。他们邀请我加入其中。今年6月，编辑与我联系，并发来他们选出的文章目录。我理解编辑用意，对目录做了一点调整，又经过反复商讨，形成了现在的目录。

本书共选出文章30余篇，大多选自《人民日报》《光明日报》《中国社会科学报》《北京日报》等报纸，也有一些选自刊物，包括《求是》《当代中国史研究》《近代史研究》《历史评论》等。其中，选自《人民日报》的文章有17篇（包括《人民日报海外版》一篇）。大部分文章都根据发展变化进行了精心修改。

本书收入的文章，最早的一篇发表于1990年2月，最晚的一篇发表于2023年6月，前后相距30多年。这是现代中国社会变化巨大的时期，是中国特色社会主义初步形成并发展到新时代的时期。绝大多数文章都是论述近现代中国历史进程的，有较强的思想性和针对性，有一定的思想史意义。纯粹的学术论文不在收集之列。已收入的文章都是在学术研究基础上形成的，是讲道理的，是有历史事实作依据的。我已经出版多部论文集，现在又增添了一本。这是一本颇有特点的文集。

1990 年 2 月那篇文章发表时，我刚 51 岁，正值盛年。2023 年 6 月那篇文章发表时，我已满 84 岁，垂垂老矣。但是从文章发表的思路看，我一直在学习，一直在思考，一直在追求与时代同步，一直在追求思想进步，没有因年迈而自暴自弃。我希望还能多写几年，多敲几年键盘，继续追随时代的脚步，留下我的思考。

多谢人民日报出版社的垂顾。

本书出版，敬请读者不吝指教！

2023 年 10 月 19 日于北京东厂胡同一号

如何看待中国近代史发展的基本线索 [*]

什么是中国近代史的基本线索？1939 年 12 月，毛泽东同志在《中国革命和中国共产党》一文中说了这样一段话："帝国主义和中国封建主义相结合，把中国变为半殖民地和殖民地的过程，也就是中国人民反抗帝国主义及其走狗的过程。从鸦片战争、太平天国运动、中法战争、中日战争、戊戌政变、义和团运动、辛亥革命、五四运动、五卅运动、北伐战争、土地革命战争，直至现在的抗日战争，都表现了中国人民不甘屈服于帝国主义及其走狗的顽强的反抗精神。"又说："自从一八四〇年的鸦片战争以后，中国一步一步地变成了一个半殖民地半封建的社会。"这就是我们平常所说的中国近代史的"两个过程"。笔者认为，这仍然可以看作对中国近代史基本线索的最恰当的概括。

毛泽东同志对中国近代史作出的"两个过程"的概括，是

＊ 本文原载于《求是》1990 年第 3 期。

根据中国人民长期革命实践才取得的。中国人民为此花了几乎一个世纪的时间。对中国的社会性质，马克思主义的创始人没有作出说明。列宁虽然在 1912 年写的《中国的民主主义和民粹主义》一文中指出中国是半殖民地社会，在后来的《民族主义和殖民地问题提纲》中说中国是半封建社会，但是并未作出论证。在中国共产党成立以前的 20 世纪初期，中国人对中国的社会性质、对帝国主义及其在中国的走狗应采取何种态度，都没有正确的认识。中国共产党成立初期，把正确认识中国社会性质及革命基本问题提上日程，但问题并未得到彻底解决，以至在二三十年代，还爆发了一场关于中国社会性质问题的大论战。中国共产党人在马克思列宁主义指导下，对中国社会性质和革命性质问题进行了严肃思考和理论创造。毛泽东同志在 1939 年底和 1940 年初连续发表《中国革命和中国共产党》《新民主主义论》等论著，系统地、科学地、正确地解决了这一问题。毛泽东同志说："认清中国的国情，乃是认清一切革命问题的基本的根据。"中国共产党制定中国革命的总战略、总策略就是建立在对中国国情的正确认识的基础上的。所谓中国的国情，最根本的就是中国社会的性质。毛泽东同志不止一次强调，只有认清中国社会的性质，才能认清中国革命的对象、中国革命的任务、中国革命的动力、中国革命的性质、中国革命的前途和转变。认清中国社会性质问题，才能解决近代中国历史发展的基本规律问题。毛泽东同志关于"两个过程"的概括，正是基于对近代中国社会性质的分析而形成的对历史发展的规律性认识。这是他把马克思列宁主义与中国的历史实际、革命实际相结合的产物。

近代中国的历史实际，一方面是帝国主义和中国封建统治者相勾结，使中国沦为半殖民地半封建社会；另一方面必然是中国人民的不断反抗。中国人民的根本任务就是首先完成反帝反封建的民主革命任务，实现的根本途径就是人民大众联合起来，在先进阶级领导下进行反帝反封建的革命。只有驱逐了帝国主义势力，中国才能争取到民族独立；只有推翻了封建地主阶级的统治，中国人民才能获得民主解放，从而达到真正的社会进步。因此，只有人民大众的反帝反封建的民主革命，才是中国争取民族独立和谋求人民解放的正确道路。新、旧民主主义革命时期的社会性质是一样的，由此决定的革命对象、革命动力也是相同的，不同的仅在于革命的领导力量和革命的前途。而有的学者认为，在中国近代史的前期，争取独立和谋求进步的根本道路，主要应该是向西方学习，发展资本主义。由于提出这种见解的同志在说明近代中国的根本道路时，回避了反帝反封建的问题，就会使人产生这样的感觉：中国似乎可以不经过反帝反封建的斗争，只需向西方学习、发展资本主义，就能实现民族独立和社会进步。这就不能不涉及近代中国革命道路的问题。

从历史发展的一般规律说，资本主义代替封建主义是历史的一大进步，但是在近代中国那样的特殊环境下，向西方学习，发展资本主义不可能成为争取独立和谋求进步的根本道路，因为帝国主义不允许中国发展独立的资本主义，先生老是欺负学生。许多先进的中国人努力这样尝试过，都失败了。孙中山的高明之处就在于他懂得了要救中国，必须革命，必须争取国家的独立、自由和主权。在新中国成立以前的近代中国历史上，抛开反帝反封建，抛开民族独立，仅仅强调向西方学习、发展资本主义，是可行的吗？几个世代的中国人都做过那样的富强梦，中国并没有富强起来。研究中国近代史，必须注意到这个最基本的事实。

有的同志提出要重视中国近代史上资本主义经济产生、发展的意义，这是对的。问题是如何才能发展资本主义和国际国内环境允许不允许中国发展资本主义。中国是一个半殖民地半封建社会。在中国发展资本主义，不仅遭到了封建势力的压抑，而且首先遭到了帝国主义势力的反对。毛泽东同志指出："帝国主义侵略中国，反对中国独立，反对中国发展资本主义的历史，就是中国的近代史。"①帝国主义侵略中国，是要把中国变成它的殖民地半殖民地，是要把中国人民变成它的奴隶，是要在中国建立超经济剥削的基地，不是要把中国变成它的商品竞争的对手。为此目的，帝国主义要在中国开设工厂，利用中国的廉价劳动力和市场，在中国榨取超额利润。只要它这样做了，如同马克思论述英国殖民者在印度的情况那样，它就不能避免产生中国的民族资本主义。因此，在中国，要产生民族资本主义，决不以帝国主义和封建主义的主观意志为转移。但是在中国，不驱逐帝国主义势力，不推翻封建主义统治，民族资本主义便得不到顺利发展的机会。试看，在帝国主义和封建主义统治下，中国的民族资本主义几经磨难，

---

① 《毛泽东选集》第二卷，人民出版社 1991 年版，第 679 页。

起起伏伏，总是得不到顺利发展，始终没有成为中国社会占统治地位的生产方式，便是明证。

也有的同志提出应把是否向西方学习作为区别近代中国历史上进步与反动的分水岭。从这一观点出发，他们把洋务运动同农民战争、维新运动、资产阶级革命并列起来，构成近代中国历史前进的基本脉络，因而洋务运动就是进步潮流，洋务派就是进步势力。其实洋务运动之所以在19世纪60年代发生，并在此后30年间有了发展，是因为它是资本—帝国主义侵略中国步步深入的产物，是帝国主义与中国封建统治相结合把中国变成半殖民地半封建社会的产物。洋务运动期间虽然发展了一批近代资本主义企业，且这批企业是此后中国社会经济进一步发展的起点，我们却不能仅仅根据这一点把它说成近代中国的进步潮流，正如我们不能把最早在中国创办了资本主义企业的外国侵略势力称作中国的进步潮流一样。因为无论是外国侵略势力还是本国的封建统治者，他们在中国发展资本主义企业，都是以巩固侵略成果或维持封建统治为目的的。如果说在客观上对中国资本主义的发展起了某种刺激作用，那是派生出来的结果。《共产党宣言》说资产阶级"迫使一切民族——如果它们不想灭亡的话——采用资产阶级的生活方式；它迫使它们在自己那里推行所谓文明制度，即变成资产者"。资本—帝国主义把亚洲、非洲和美洲的许多国家变成了殖民地、半殖民地。它们一方面极其残酷地统治殖民地、半殖民地的人民，另一方面把资本主义的文明带到那里。马克思说，英国在印度造成的社会革命"毕竟是充当了历史的不自觉的工具"。

但是这种社会革命的成果即资本主义的生产力并不属于人民，印度人民并不能指望从资本主义文明中获得民主、自由和进步。在当今的国际社会，少数富强发达的资本主义国家与大多数落后贫弱的不发达国家形成强烈的反差，已是无可争议的事实。这种反差不是历史自然发展的现象，而是新、老殖民主义的压迫、剥削造成的。少数资本主义国家的发达富强，是建立在大多数落后国家的贫穷基础上的。近代以来的历史发展，虽然由于落后地区广大国家人民的不断斗争，正在力图改变这种社会经济发展的不合理格局，但可惜迄今为止未能根本扭转这种历史格局。尽管那些早已成为殖民地的国家或地区，其资本主义文明的输入并不比中国晚，许多还要早些，但它们大多并未取得中国今天的生产力发展水平。这不是因为别的，而是由于中国彻底完成反帝反封建的斗争胜利后，争取到了社会生产力迅速发展的社会条件的缘故。总结近代世界历史发展的这一历程，难道我们可以说资本—帝国主义把资本主义带到了世界的落后地区是起到了促进世界历史向前发展的进步作用吗？

洋务运动是怎样产生的呢？ 1860 年《北京条约》签订后，侵略者获得了满意的结果，占领军退出北京。统治者中的一些人如奕䜣、曾国藩、沈兆霖等人认为洋人不仅"不伤毁我宗庙社稷"，还能帮助自己镇压"心腹之患"的太平天国革命，便对外国侵略者产生了好感。于是，宁愿割地赔款，出卖主权，换得侵略者的欢心。1860 年是一个转折点，在这之前，清政府对于外国侵略，还是抵抗与妥协并用；在这之后，妥协就是主要的了。从 1860 年起，封建统治者与资本—帝国主义的结合就很自觉了，以致后来慈禧居然说出要"量中华之物力，结与国之欢心"，达到了登峰造极的程度。洋务运动就是这帮对内镇压、对外妥协投降的封建官僚搞起来的，代表人物就是奕訢、曾国藩、李鸿章等人。在洋务运动期间，中外反动派结合得越发紧密，半殖民地半封建社会的演变过程也就得以完成了。由此可见，我们不能说洋务运动是进步运动，说它是统治阶级面临外国资本主义侵略和国内人民不断反抗斗争的情况下，掀起的一场以巩固封建统治秩序为目的的运动，则更近乎事实。而这种地主阶级自救运动无论从主观动机还是从客观效果看，都是适应了资本—帝国主义侵略中国，把中国变成半殖民地半封建社会的需要的。

　　坚持用"两个过程"来概括中国近代史的基本线索，是不是对反帝反封建斗争谈得过多了呢？这个问题是根本不存在的，因为我们研究的对象是中国近代史。反帝反封建是中国近代史上主要内容之一。正是在胜利地进行反帝反封建斗争的基础上，中国人民逐步接受了马列主义，并最终选择了社会主义道路。这种历史的结局，是中国人民长期进行反帝反封建斗争的结果。中国近代史的内容当然是极其丰富的，除了反帝反封建这一面以外，还有其他各种社会内容。但是否可以说，中国近代史上各种形式的斗争，都为反帝反封建这一关系中华民族生死攸关的主线所制约？不谈或少谈中国人民反帝反封建斗争的历史，中国近代史的研究还有多少实际价值呢？因此，不存在谈得多不多的问题，而是如何正确研究它的问题，如何坚持用马列主义、毛泽东思想研究近代史，正确总结民主革命时期反帝反封建斗争的历史经验，来为社会主义建设服务，更好地尽到历史工作者的社会职责的问题。

"告别革命" 说错在哪里 *

　　1995 年，香港一家出版公司推出了一本小书，题名为《告别革命》。那本小书，其实是两个人平时的谈话，加以录音整理，居然成书。该书宣布要告别一切革命，不仅要告别法国大革命、十月革命，也要告别辛亥革命，以及辛亥革命以后的一切革命，而且要告别 21 世纪的革命。

　　这本小书是谈话记录，谈不上什么理论依据，没有论证，不过是反映谈话者攻击革命历史、革命业绩的阴暗心理。《告别革命》的思想，其攻击中国近现代革命史的一些基本观点，早在1994 年在国内的刊物上已经发表。这种荒谬的言论，早已引起思想界、学术界的注意。《求是》杂志已经连续发表评论，揭示了这种言论的荒谬。

　　对这种奇谈怪论，我们不可小视。1990—1991 年苏联历史学

---

* 本文原载于《当代中国史研究》1996 年第 6 期。

界攻击十月革命的势头，我们还记忆犹新。我们要问，攻击辛亥革命，攻击中国共产党领导的一系列革命，其用意何在呢？我们必须做一些辨析。

按照"告别革命"论者的说法，社会历史发展过程中爆发的革命，似乎是可有可无的，如果改良搞得好，革命是可以避免的。显然，这是历史唯心主义者观察历史运动的看法，它完全无视历史发展是有规律可循的客观历史运动。

事实上，革命作为历史发展过程中一种客观的历史运动，不是随心所欲可以制造出来的，也不是随心所欲可以制止的，更不是由什么人可以任意宣布否定就否定得了的。历史上发生过多次革命，尤其是 17 世纪以来，在欧洲、美洲、亚洲先后发生过的多次革命，都是社会矛盾不可调和的产物。统治者不能照旧统治下去，被统治者不能照旧生活下去。于是革命爆发了。旧的制度瓦解了，新的制度建立了；旧的统治秩序被打碎了，新的统治秩序形成了；旧的社会桎梏解除了，社会生产发展了，社会前进了。社会革命往往采用暴力的形式，不通过暴力革命，旧的统治者能退出历史舞台吗？不通过暴力革命，反抗新社会的旧势力可以压制下去吗？"暴力是每一个孕育着新社会的旧社会的助产婆。"马克思这句名言，形象地反映出了历史的真实。革命起来，如暴风骤雨，有人讨厌它，但是不可以制止住它。社会生活在承平时期，社会阶级矛盾没有激化，如果有人登高一呼，召唤革命，有谁去响应呢？革命，是社会运动的一种形式，是社会进步的一种必要形式。不能说想革命就革命，也不能说不想革命便不革命。

革命的发生，是有规律可循的。诅咒革命，诅咒暴力革命，只是反映了旧势力对革命的无奈，对旧社会的哀鸣而已。

"告别革命"论者说，改良比革命好，"解决阶级矛盾可以是阶级调和，协商互让，进行合作，即改良而非革命"。对改良的不加分析的肯定，实际是反对革命的同义语。

诚然，革命并不是社会历史前进的唯一推动力。革命的发生是有条件的，不是任意可以制造出来的。社会发展的经常形式是社会改良。在革命没有发生的时候，当阶级矛盾不到激化的程度，解决社会阶级利益的冲突，往往要靠阶级妥协与调和，那实际是阶级斗争的特殊形式；解决社会政治利益的冲突，往往要靠社会改良的种种办法。阶级调和的办法，社会改良的办法，也能促进社会的发展，但它只能在同一个社会制度内运行，如果要推翻旧制度，建立新制度，阶级调和、社会改良，是无能为力的，它只能让位于革命手段。革命发生，才能使社会发展产生质的变化。因此，革命虽不是社会发展的唯一推动力，却是社会历史发展的根本动力。否定这一点，无原则地歌颂社会改良，显然是一种反历史主义的态度。

有人还攻击说，"史笔只能歌颂农民革命，不能肯定改良，也不能肯定统治阶级的让步政策"。这是攻其一点，不及其余。所谓攻其一点，是只抓住了某些历史学者在不正常的政治气氛下所作出的过头的评论，而不顾我们党和用马克思主义作指导的历史学者对革命和改良的历史作用作出的合乎事实的客观分析。如对康梁领导的戊戌变法，一般总是给予高度评价的。1956 年 11

月 12 日，在孙中山诞辰 90 周年的纪念大会上，林伯渠同志代表中共中央讲话说，资产阶级改良派的维新运动，"对中国人民的觉醒和进步，起了显著的作用"。著名的老革命家和历史学家吴玉章也说过："1898 年戊戌变法以前，许多爱国的维新志士希望学习俄国彼得大帝的改革和日本明治天皇的维新，要求自上而下地实行变法。这在当时是一种进步的思潮。"著名历史学家范文澜在 1958 年纪念戊戌变法 60 周年学术讨论会上发言，高度评价戊戌变法的历史意义，他说："旧民主主义革命时期，中国资产阶级在政治上做了两件大事，一件是 1898 年的戊戌变法运动，即改良主义运动。更大的一件是 1911 年的辛亥革命运动。"他还指出，戊戌"变法运动代表着中国社会发展的趋势，赋有进步的意义"，"戊戌变法运动是思想的第一次解放"。著名历史学家胡绳在他著的《从鸦片战争到五四运动》一书中说："维新运动是在中华民族和帝国主义的矛盾成为主要矛盾的条件下中国人民大众试图解决这个矛盾的斗争的反映。这次运动以中国民族资产阶级初次走上政治舞台为特征而成为中国资产阶级领导的民主革命的前奏。"马克思主义历史学家刘大年在他主持的《中国近代史稿》第 3 册（1984 年版）里称赞戊戌变法掀起了"近代中国第一个思想解放的潮流"，指出改良派发动维新运动，要求挽救民族危亡，明显具有爱国主义性质。又说，资产阶级改良派要求在中国发展资本主义，使一个贫穷落后的中国变为富强先进的中国，这在当时的情况下，是顺应历史发展潮流的。这些，能说我们不能肯定改良吗？但是，当中国出现革命形势的时候，当中国革命派正在掀起革命运动的时候，改良派跳出来加以反对，坚持保皇立场，坚持认为只有改良是唯一正确的方法，就是错误的了，就是不能肯定的了。对历史过程的不同阶段采取不同的评价，这种分析的态度，是历史主义的态度；以社会发展规律为准绳，按照一定的时间、地点和条件，来观察、分析事件和人物的表现，是历史唯物主义的方法。对改良和革命，离开了具体的时间、地点和条件，妄作评议，正如范老所说，这是爱而欲其扬，恶而欲其抑，都不免徒劳而无益。

该作者还说，他"赞成英国式的改良，不赞成法国式的暴风骤雨式的大革命"，还说什么"虚君共和"就是英国式的，用暴力打倒皇帝就是法国式的。作者常把英国式改良与法国式革命相比较，声称法国式革命如何残酷，英国式改良如何文明。稍微知道一点世界近代史的人都会看出，这是一种错误的历史比较。法国革命是革命，英国也同样搞了革命，而且是欧洲近代史上第一场最重要的资产阶级革命。法国革命打倒皇帝，让路易十六上了断头台；英国革命开始也打倒了皇帝，割掉了查理一世国王的头。英国革命处死国王后，克伦威尔宣布英国是共和政治。只是此后斯图亚特王朝复辟，在共和国垮台后30年间形成了"虚君共和"的局面。此后英国政治是在改良的道路上行进，但那已经是在资产阶级占统治地位的"君主立宪"体制内的改良。英国革命与法国革命是在不同的时代背景、不同的国情里发生的不同形式的革命。英国革命发生在17世纪40年代，延续到80年代。法国革命爆发在18世纪80年代，而延续到19世纪初。当英国在"君主立宪"的体制内进行社会改良的时候，法国革命还没有发生。因此，把所谓英国改良和法国革命相提并论，是不恰当的历史比附，是历史的错位，是对读者的误导，是把自己的立论建立在沙滩上。

《告别革命》作者经常强调辛亥革命搞糟了的观点。他说："20世纪中国的第一场暴力革命，是孙中山领导的辛亥革命。当时中国可以有两种选择，一是康梁所主张的'君主立宪'之路；一是孙中山主张的暴力革命的道路。现在看来，中国当时如果选择康梁的改良主义道路会好得多，这就是说，辛亥革命是不必要的。这样，我就否定了孙中山最重要的革命业绩。"一个被其同气者称为哲学家和有"杰出的思维脑袋"的人，在这里显出了思维逻辑的极度混乱。20世纪初的中国存在着两种选择，这是不错的。但是历史抛弃了康梁主张的"君主立宪"之路，选择了孙中山的暴力革命道路。20世纪初的中国历史就是这样发展过来的，怎么可以得出"如果选择康梁的改良主义道路会好得多，这就是说，辛亥革命是不必要的"这样的结论呢？这句话中，前一个结论是带"如果"的虚拟语气，后一个结论是不带"如果"的肯定语气。用一个虚拟的前提，来说明"辛亥革命"这个肯定的事实之不必要，简直是荒唐的逻辑。在爱康梁、爱改良者看来，如果那个"如果"实现，果然是好得多，但那个"如果"却无情地被历史发展抛弃了，那个"好得多"，也只是存在于虚无缥缈的乌有之乡，只是证明它是不必要的；反过来，历史对辛亥革命的选择却是必要的，而不是不必要的。我们的哲学家不是不懂这个浅显的逻辑，而是故意造成一种逻辑混乱，误导不经事者相信"改良比革命好"罢了，这真是爱而欲其扬，恶而欲其抑的典型心理。

该作者说：清朝的确是已经腐朽的王朝，但是这个形式存在有很大意义，宁可慢慢来，通过当日立宪派所主张的改良来逼着它迈上现代化的"救亡"的道路，而一下子把它搞掉，反而糟了，必然军阀混战。又说：袁世凯称帝等现象乃是革命的后遗症，是暴力革命这种方式本身带来的问题。这些都是经不起驳斥的歪理。明知清朝已经腐朽，还要保留这个形式，还要逼它走上现代化，这无异于痴人说梦。说到形式，英国的"虚君"是个形式，但那是资产阶级革命后的形式，那个"虚君"距今差不多 300 年，没有人不说英国是老牌资本主义国家。清朝的皇帝，哪怕是由摄政王控制着的宣统小皇帝，也不是"虚君"，而是实实在在的封建君主专制。在这个专制下，即使是慈禧太后派出出洋考察的政治大臣，提出改革政治的建议，涉及军机处的存在，立即被慈禧所否定。袁世凯贵为军机大臣、外务部尚书，因其掌握北洋新军为摄政王所疑忌，一声令下，也只落得到洹上去养"足疾"。直到1911 年 5 月，军机处才被撤销，成立所谓责任内阁，阁员 13 人中，满族 9 人，其中皇族 7 人，是谓皇族内阁。换汤不换药，朝廷面貌依旧。预备立宪，朝野沸腾，立宪派掀起三次全国性请愿，甚至宫门喋血，也只不过换来个到宣统五年（1913 年）实行立宪，如此预备，连立宪派也对朝廷失望了。以至于武昌起义爆发，立宪派大多没有站到清廷颁布的《宪法重大信条十九条》一边，而纷纷站到革命派一边了。

如此看来，腐朽的清王朝这个形式还能保留吗？还能够逼它走上现代化吗？康梁等人在国内甚至不能立足，其改良主张，也只能在海外徒呼奈何。而且，直到武昌起义，清王朝这个形式也绝非仅仅是形式。北洋新军仍是当时中国最现代化的部队，袁世凯卷土重来，攻下汉口，攻下汉阳，炮弹已经打到武昌的革命军都督府。如果革命派力量更强大，广泛发动工农站到自己一边，如果资产阶级的阶级基础更雄厚，就能使革命更彻底一些，那时北伐军直捣黄龙，犁庭扫穴，哪还有南北议和，哪还能容袁世凯耍弄逼宫把戏，哪还有此后袁世凯的称帝呢？作者要我们摆脱原来研究辛亥革命的思路，"不能老是毋庸置疑地一味歌颂，或老讲'太不彻底'那些话"。这是不能照办的。对辛亥革命还要歌颂，歌颂革命派发扬大无畏革命精神，敢于去推翻几千年的封建专制；也要批评，批评其"太不彻底"。这样做是符合中国历史发展事实的。反之，要歌颂立宪，歌颂保留腐朽的清王朝，恰恰反映了遗老遗少的声音，是违背历史发展方向的。

《告别革命》一书作者在序言中说："影响 20 世纪中国命运和决定其整体面貌的最重要的事件就是革命。我们所说的革命，是指以群众暴力等急剧方式推翻现有制度和现有权威的激烈行动（不包括反对侵略的所谓'民族革命'）。"作者宣称要"告别"的就是这些革命。谢天谢地，作者把"反对侵略的所谓民族革命"排除在外。难怪作者在否定法国革命、否定十月革命的时候，对美国的独立战争不置一词。独立战争恰恰是反对英国殖民侵略的民族革命。但是这样一来，作者自然又制造出一个悖论，制造了一个他们无法辩解的矛盾。作者怎么把民族革命从他们所要反对的革命中分离出来呢？尽管作者巧舌如簧，事实上也难逃反对民族革命的干系。20世纪的中国，从旧民主主义革命到新民主主义革命，哪一场革命是脱离了反对帝国主义侵略的民族革命的性质的？整个中国近代史，都是反帝反封建嘛。

按照他们的定义，辛亥革命当然是推翻现有制度和现有权威的激烈行动。辛亥革命为什么要推翻清王朝？如前所述，朝廷已经腐朽了。腐朽的重要内容之一，就是它是"洋人的朝廷"。"量中华之国力，结与国之欢心"，"宁赠友邦，勿与家奴"，是这个朝廷对外屈辱的写照。革命派正是愤慨于这个"洋人的朝廷"，所以要发动民族革命；愤慨于这个朝廷的对内专制，所以要发动民权革命（民主革命）。辛亥革命是一身而二任的，它既是民族的，又是民主的，也就是我们后来所说反帝反封建的。试问，可以从这个革命中把民族革命的内容分离出来吗？正是因为辛亥革命是反帝反封建的民族民主革命，孙中山为临时大总统的中华民国临时政府就得不到帝国主义列强的承认，尽管孙中山是真诚学习西方资产阶级民主制度的好学生。帝国主义不支持孙中山，却要支持袁世凯，所以后来又有"二次革命""护法、护国"，乃至"大革命"。到国共合作的大革命，就明确喊出了反帝反封建的口号。直到1949年，新民主主义革命取得胜利，其性质也是反帝反封建的。支持国民党反动政府在中国打内战的，正是美帝国主义。国民党政权垮台了，就是对其后台老板美帝国主义在华利益的根本打击。谈中国近代史，谈近代中国的革命或改良，而不谈帝国主义列强在中国的作用，如果不是无知，不是隔靴搔痒，就是有意隐瞒事实真相。《告别革命》一书谈了近代中国的政治、经济，革命、改良，历史、现实，理论与实践，哲学与文学，应有尽有，就是不谈帝国主义对中国的侵略，不谈中国社会各阶级对列强侵略的态度和行动，其理论之虚伪，明眼人是不难看出的。由此可见，所谓不反对"民族革命"，也只是虚晃一枪而已。

为什么要提出"告别革命"说？反对法国大革命，是为了反对十月革命；反对辛亥革命，是为了反对中国共产党的新民主主义革命。他们要"反省整个中国近代史"，就是这个目的。他们要改变反共反社会主义的策略，于是"放弃激进的社会／政治批判话语，转而采取文化上的保守主义话语"，实际上是"隐喻了某种意识形态的企图"。这还说得不够明确。《告别革命》一书序言，把"告别革命"说的目的和盘托出。它说，"这套思想，恰恰是'解构'本世纪的革命理论和根深蒂固的正统意识形态最有效的方法和形式"。原来如此。把近代中国的革命历史都否定了，把 20 世纪的革命理论都"解构"了，所谓反帝反封建自然不成立了，中华人民共和国的成立自然就失去合理性了。如此，则所谓有中国特色的社会主义、社会主义的市场经济，岂不是都消解殆尽了吗？

"告别革命"说错在哪里？所谓告别革命，实际上是要告别马克思主义，告别社会主义，告别近代中国人民的全部革命传统。理论的错误，掩盖了现实目的的错误。既然做了人家的讲座教授、客座教授，总要为人家"分化""西化"出点主意，为人家的和平演变出点主意。和平演变，不就是不要剧烈手段吗？发明出一个能够"解构"革命的理论，以便"消解"中国人的革命的意识形态，便是最好的贡献了。

这种"解构"革命的理论，与前几年苏联出现的攻击、歪曲十月革命历史的情形，何其相似。"告别革命"说究竟错在哪里，读者当自会作出判断。

坚持百家争鸣　繁荣历史科学 [*]

　　2002 年 7 月 16 日，江泽民同志在中国社会科学院的讲话中，向哲学社会科学工作者提出了五点要求。这五点要求，实际上是提出了我党领导哲学社会科学工作的基本方针，是十分重要的。其中第三点强调，"要坚持'二为'方向和'双百'方针。哲学社会科学研究应坚持为人民服务、为社会主义服务的方向，坚持'百花齐放，百家争鸣'的方针，提倡理论创新和知识创新，鼓励大胆探索，在实践中不断认识真理、服从真理、发展真理，努力建设具有中国特色、中国风格、中国气派的哲学社会科学"。坚持"二为"方向和"双百"方针，对于发展和繁荣历史科学是十分重要的方针。我们在执行这一方针的过程中，有着丰富的经验和教训，很值得总结。

　　我们党作为执政党，历来重视哲学社会科学和自然科学在国

---

　　* 本文原载于《光明日报》2002 年 8 月 27 日。

家建设中的作用。值得引以为豪的是，"百家争鸣"方针的提出，首先与历史科学有关。1953 年秋，中共中央设立历史问题研究委员会，讨论在中国科学院增设历史研究所以及创办《历史研究》杂志以推动学术研究的问题。有关负责人征询毛泽东同志办《历史研究》杂志的意见，毛泽东同志说了四个字："百家争鸣。"1956 年，毛泽东同志在最高国务会议上作关于十大关系的报告时正式提出在文化艺术和学术研究领域实行"百花齐放，百家争鸣"的方针。毛泽东同志解释，春秋战国时代，诸子百家，大家自由争论，我们现在也需要这个。在当时，社会主义制度确立，国内政治稳定，学术文化上出现了"百家争鸣"那样一种开放的、积极的姿态。

历史学界开展百家争鸣是很有成就的，促进了当时学术研究的繁荣。最有名的例子是郭老和范老有关历史分期问题的争论。郭老和范老都坚持用马克思主义研究历史，但是他们在中国奴隶制和封建制的分期上有不同主张。范老主张"西周封建说"，郭老主张"春秋战国之交封建说"。他们都拥有广大的读者。郭老以中国科学院院长的身份主持历史研究所，组织学者编撰《中国史稿》，贯彻他的分期主张；范老主持近代史研究所，在《中国通史简编》修订本中坚持他的分期主张。这对于促进学者深入思考，推动历史学研究，起到了好的作用。

民族学研究领域的争鸣也有令人注目的例子。20 世纪 50 年代初，斯大林发表《马克思主义和语言学问题》等著名文章，提出了资产阶级民族的四个特征，认为："随着资本主义的出现、封建分割的消灭、民族市场的形成，于是部族就变成民族。"这就是说，只有在资本主义社会才形成民族。范老以他对中国历史的深刻理解，认为所谓资产阶级民族的四个特征，汉民族在秦汉时期就已形成了。汉民族的形成是自秦汉起中国成为统一国家的主要原因。自秦汉确立郡县制，封建分割基本上消灭了，大小市场也基本形成了，但是资本主义根本不存在。斯大林的论述符合欧洲的情况，但不符合中国的情况。范老以《试论中国自秦汉时成为统一国家的原因》为题，在1954年《历史研究》第三期发表论文，阐述自己的主张。范老的意见，今天已经成为我国民族学研究领域的常识。但是，当时面对斯大林那样的大政治权威和理论权威，范老敢于以自己的学术观点来争鸣，这是真正的学者的勇气。有的学者严厉指责范文澜背离了斯大林学说，范老却始终不悔。范老的文章发表后，引起了历史学领域关于汉民族形成问题的大讨论，推动了历史学的发展。

中国近代史领域最引人注意的讨论，是关于中国近代史分期问题的讨论。1954年，胡绳在《历史研究》创刊号上发表《中国近代历史的分期问题》一文，引起近代史学者的强烈关注和热烈争鸣。中国近代史如何划分时期，看起来是编写近代史教科书的一个具体问题，但依据什么标准分期却涉及历史观问题，涉及研究中国近代史的理论与方法问题，涉及叙述和研究中国近代史的主要任务是什么、以什么来做中国近代史的基本线索的问题。胡绳依据马克思主义唯物史观，依据毛泽东同志有关中国近代史的说明，提出了"基本上用阶级斗争的表现来做划分时期的标准"

的重要意见。他还特别指出，马克思主义对中国近代史研究的要求不是在于给各个事变、各个人物简单地标上这个阶级或那个阶级、进步或革命的符号。"要使历史研究真正渗透着马克思主义的思想力量，就要善于通过经济政治和文化现象而表明在中国近代历史舞台上的各种社会力量的面貌和实质，它们的来历，它们的相互关系和相互斗争，它们的发展趋势。"依据这种观点，胡绳还提出了"中国近代史中的三次革命运动的高涨"的概念，并对 1840—1919 年的中国近代史分期提出了自己的见解。范文澜根据近代中国只有一种主要矛盾起着领导的、决定的作用以及两个主要矛盾相互转换的矛盾论原理，把中国近代史划分为四个大的阶段。许多人同意或基本同意胡绳有关分期标准的见解，同时也提出了若干不同的见解，因而形成了对中国近代史分期的种种不同主张。

与此同时，史学界还开展了中国古代史分期问题、中国奴隶制与封建制分期问题、中国土地制度问题、汉民族形成问题、中国资本主义萌芽问题、农民战争历史作用问题、"王朝体系"问题以及亚细亚生产方式问题等讨论。所有这些讨论，是发生在 20 世纪五六十年代的一次马克思主义大学习，是一次不可多得的百家争鸣。它推动了史学界形成学习理论特别是学习唯物史观的浓厚风气，使一大批在旧中国成长起来的学者以及刚刚进入史学战线的青年学者受到了马克思主义的教育，推动了中国历史学学科的建设，促进了中国古代史、中国近代史乃至世界史领域若干重大理论问题的研究。

但也必须看到，随着"左"的思想成为国家政治生活的指导思想，我们在"百家争鸣"方针的把握上是有严重教训的；在处理学术与政治的关系上是存在偏差的。当我们提出百家争鸣实际上是两家即无产阶级一家、资产阶级一家的时候，我们对百家争鸣方针的把握就出现了偏差，在政治上也造成了不良后果。随着政治生活的失序，不仅百家争鸣维持不下去，甚至两家争鸣的局面也不能维持。海瑞罢官问题、李秀成问题成为引发"文化大革命"的学术先兆。以后，所谓儒法斗争从古代延续到现代，更完全离开了学术，成为政治斗争的手段。到这时候，我们就完全听不到学术争鸣的声音，历史学界变得万马齐喑、噤若寒蝉了。

党的十一届三中全会以后，我党对学术研究又恢复了百家争鸣的指导方针。历史学界拨乱反正，解放思想，学术争鸣又开始活跃起来。以中国近代史研究为例，关于中国近代史基本线索的争论、关于洋务运动性质的争论、关于近代中国的独立解放与近代化关系的争论、关于中国近代史分期问题的新讨论等，都坚持了很长时间，有的甚至坚持到现在。这些重要问题的讨论，对于学术界进一步认识、思考近代中国历史的复杂、曲折进程，对于推进学术事业的进步，起到了非常积极的作用。

总结史学界执行百家争鸣方针的历史经验，可以看到：

第一，百家争鸣是我们党领导学术研究事业、发展和繁荣新中国历史科学的保证。什么时候正确贯彻百家争鸣方针，我国历史学研究就繁荣、前进；什么时候执行这条方针受到干扰或者偏离这条方针，我国历史学研究事业就会停滞不前甚至窒息。因此，在 21 世纪，为了推动我国学术研究事业包括史学研究事业的发展，我们需要长期坚持不懈地贯彻执行百家争鸣方针不动摇。

第二，为了使百家争鸣方针健康有序地进行，必须坚持"二为"方向，即坚持为人民服务、为社会主义服务的方向。我国历史学研究事业要承担记录历史、总结经验、传承文明、资政育人的作用，历史学知识的普及要使人民受到爱国主义教育，丰富我国人民的历史人文素养，为建设有中国特色的社会主义物质文明、政治文明、精神文明服务。在历史研究中，纯粹发思古之幽情，玩摩历史上发生过的细故末节，孤芳自赏，只要不影响读者和他人，那是个人的爱好。但无论是复古主义，还是虚无主义，都与为人民服务、为社会主义服务的宏旨无关。历史研究者应该清醒地认识到，马克思主义的唯物史观不仅是我们党的指导思想和理论基础，更是我们历史学研究的指导思想和方法论根据，这是必须坚持的，任何时候都不能动摇。当然，对于我们在学习和运用唯物史观的过程中曾经出现的种种偏差，应该进行实事求是的研究，并予以纠正。

第三，我们要鼓励不同意见的历史学者、学派勇于发表自己的见解，参与争鸣，但这种争鸣不应该是轻率的，必须建立在深入钻研的基础上。著名历史学家范文澜在 1956 年发表关于百家争鸣与史学的意见，他说，学有专长而争鸣是好的，长于教条而争鸣那就很不好，因为教条主义者的特征之一就是不肯多看看多想想，却急于一鸣惊人。他还说："谁能对大的或较小的问题长期不倦地下苦功夫，谁就有可能经过数年而一鸣，或毕一生而一鸣，或师徒相传而一鸣，或集体合力而一鸣。这就是说，想在学术上一鸣，并不是什么容易事。"[1] 不肯下苦功夫，随意发表意见，或者抱着教条主义态度企图一鸣惊人式的争鸣，那只能像范老批评的那样，叫作"潦岁蛙鸣"，那种雨后池塘里的青蛙鸣叫，噪声贯耳，与百家争鸣完全是两回事。因此，在开展百家争鸣的过程中，要有与人为善的心态，要有实事求是的精神。发表学术争鸣要以深入研究作基础，发表学术批评也要以深入研究作基础。只有这样，历史学界才会有健康的争鸣，也才会有健康的学风。也只有这样，我国历史学研究的进一步发展和繁荣才可以预期，"史学危机"的悲观论调才站不住脚。

---

[1] 范文澜：《"百家争鸣"和史学》，《学习》1956 年 7 月号。

走向民族复兴的重要标志 *
——论抗日战争胜利的历史意义

　　60 年前，中国人民经过艰苦卓绝的斗争，取得了抗日战争的伟大胜利。这是近代以来中华民族在反对外来侵略的斗争中取得的第一次全面胜利，也是中华民族从沉沦走向复兴的重要标志。一方面，中国抗战的胜利，彻底粉碎了日本帝国主义灭亡中国的企图，废除了国际帝国主义强加给中国的各种不平等条约，中国自此成为一个主权完全独立的国家；另一方面，中国抗战的胜利，也为中国人民废除独裁专制政府、建立民主联合政府、选择中国自己的发展道路、避免资本主义前途创造了重要前提。60 年过去了，我们今天回望这一段历史，对于抗战胜利的意义就看得更加清楚明晰。

　　＊ 本文原载于《光明日报》2005 年 8 月 16 日第 7 版。

抗战胜利完成了近代中国从"沉沦"到"上升"的转变

考察抗日战争的历史意义，不能仅就抗日战争谈抗日战争，需要从鸦片战争以来近代中国的历史演变来考察。先后发生的两次鸦片战争，清政府屡次败北，中国被迫接受西方殖民主义强加的不平等条约。这时的中国有两个不利条件：一个是中国进入了封建社会的末期，在度过了郑和下西洋的辉煌时代以后，中国在世界生产力发展水平上开始落伍了；另一个是中国正处在清朝统治的晚期，政治日趋腐败，社会矛盾不断激化，而统治者又不了解外部世界，对于上升时期的资本主义列强完全丧失了应对的本领。自两次鸦片战争以后，中国在不平等条约体系的约束中日益"沉沦"于半殖民地半封建社会的"深渊"之中。到清政府被迫接受《辛丑条约》时，中国就完全沦为半殖民地半封建社会形态。这时候，外国军队驻扎于中国京畿的 12 处战略要地，并将北京至海的炮台一律削平。中国人抵抗侵略的权利被完全剥夺，连民众加入反帝组织也要被砍头，而中国政府的官员则成了列强镇压人民的工具。正如一位美国历史学家评论道，中国此时"已经达到了一个国家地位非常低落的阶段，低到只是保护了独立主权国家的极少的属性的地步了"。

国家地位如此，社会状况如此，这是帝国主义侵略的结果，是统治集团腐败无能的结果。具有五千年悠久历史文化的中国人民不会在这种状况面前停止思考。尽管《辛丑条约》规定中国人民不得结成反帝组织从事反帝活动，但是面对列强侵略的加深，反帝活动还是日盛一日，拒俄运动、反美运动、收回利权运动、拒英运动、拒法运动以及反对日本提出二十一条、反对签订"中日密约"的运动等，一个接着一个。特别是 1919 年 5 月至 6 月间爆发的全国规模的五四运动，迫使中国出席巴黎和会的代表拒绝在巴黎和约上签字。这是鸦片战争以来，中国政府代表在顺从民意的基础上，第一次对国际条约说"不"。从此以后，中国社会出现了新的生产力、新的阶级、新的思想和主义，终于让人们看到了半殖民地半封建社会的中国出现了从"沉沦"转向"上升"的趋势。

五四运动以来呈现的从"沉沦"转向"上升"的趋势，在抗日战争中得到了全面提升。正是中国人民伟大的抗日战争，从全面意义上完成了近代中国从"沉沦"到"上升"的转变。1931 年 9 月 18 日，日本帝国主义发动的侵华战争，是历次帝国主义侵华过程中最为严重的一次，时间最长，占领中国的领土最广大，给中国国家和人民造成的损失最巨大。但是，中华民族没有被打垮，中国取得了抗日战争的最后胜利。这个胜利，是近代以来中国所取得的第一次反对外来侵略战争的胜利。在抗日战争中，中国对世界反法西斯战争做出了独特的、其他国家难以替代的贡献。中国作为东方战场的主战场，拖住了日本的主要兵力，使它不能实现在中东与德国军队的会合，全力支持了美国、英国的太平洋战场，也全力支持了苏联、美国、英国在欧洲的战场，从而赢得了反法西斯各国的尊重。战时（1943 年），列强加在中国头上的锁链——《辛丑条约》被废除了；战后，台湾回归了祖国，中国成为联合国的发起国和安理会常任理事国。

从民族复兴的高度看艰苦卓绝的抗日战争，可以得出如下几点结论：第一，面对外国帝国主义的侵略，中国应当抵抗，而且必须抵抗，只有抵抗，才有出路；第二，入侵之敌虽然比我强大，但举我全民族之力，经过长期的艰苦作战，是可以最后战胜强敌的；第三，在外敌面前，中华民族面临生死存亡的时候，民族利益第一，阶级利益必须服从民族利益，必须组成民族统一战线，共同对敌；第四，在民族战争中，必须广泛争取有利于我国的国际援助；第五，在中国这样一个广土众民、历史文化悠久的大国，要坚信入侵之敌是可以被战胜的，中华民族的复兴是可期的。

争取抗日战争胜利的基本条件

中国抗战不仅是保卫中国主权的战争，也是反对世界法西斯、保卫世界和平的战争。它是中国的，也是世界的。正义之战决定了中国进行战争的基本性质，也决定了战争前途的基本指向。但是，中国历史和世界历史都证明，正义战争的一方不一定总能获得胜利。中国抗战要取得胜利，还需要国内和国际条件的支持与配合。

抗日战争时期，是日寇侵入大片国土、妄图灭亡中国的时期。日寇妄图灭亡中国、中华民族到了存亡绝续的关头，这个基本事实决定了中华民族与日本侵略者的矛盾是基本的矛盾，是决定和影响中国国内其他矛盾首先是阶级矛盾的主要因素。因此，对待日本侵略者的态度，基本上可以决定一个人、一个团体、一个政党的态度。如果一个人、一个团体、一个政党在对待日本侵略者侵略中国的态度上正确了，我们就可以肯定他是一个爱国者、爱国团体、爱国政党，这就叫作大节不亏。就是说，在民族危亡的时刻，中华民族的利益是第一位的，阶级的利益、政党的利益，都要服从民族利益。国民党也好，共产党也好，其他中间党派也好，如果都强调本党的利益，而不顾民族的利益，就要被人民唾弃，被历史淘汰。在日寇大举入侵的情况下，中国共产党呼吁联合起来抗日，把"反蒋抗日"转变为"逼蒋抗日""拥蒋抗日"，终于促成了抗日民族统一战线的建立并使之不断得到巩固，因而得到了广大人民的热烈拥护；而国民党罔顾人民的呼声，坚持"攘外必先安内"，迫使张学良、杨虎城将军"剿共"，即便是在加入抗日民族战线阵营后，国民党也没有放弃反共。由此可见，在民族矛盾面前，谁抓住了民族矛盾这个牛鼻子，谁提出并且推动了抗日民族统一战线，谁就能赢得民心；反之，就会失去民心。

早在九一八事变后，中共中央就提出停止内战，一致抗日，用民族革命战争把日本帝国主义驱逐出中国的主张。随着华北事变后民族危机的加深，中共中央又发表著名的《八一宣言》，要求建立抗日民族统一战线，提出集中一切国力去为抗日而奋斗的主张。中共中央和红军到达陕北后，努力推动抗日民族统一战线的实现。西安事变的和平解决，是这种努力的具体表现。经过国共两党的多次谈判，1937 年 9 月 22 日，国民党中央通讯社发表了《中共中央为公布国共合作宣言》的文件，次日蒋介石发表谈话，指出了团结御侮的必要，事实上承认了中国共产党在全国的合法地位。它表明，国共两党捐弃前嫌，实现了两党的第二次合作；它还表明，国民党实际上接受了中共提出的抗日民族统一战线的主张。

中国抗日战争是在中国共产党倡导的抗日民族统一战线的旗帜下，以国共合作为基础，各阶级、各民族人民团结起来进行的中华民族解放战争。当时国家权力掌握在蒋介石、国民党政府手中。抗日战争只有发动蒋介石、国民党参加，才可能利用国家政权的力量推动全国抗战的开展，才可能有全民族的抗战。没有蒋介石、国民党的参加，单凭共产党的力量，尽管她的抗日主张是正确的，是符合中华民族的根本利益的，但在当时的历史条件下，也是难以独立支撑全国抗战大局的。抗战期间，蒋介石虽然没有放弃反共，但也没有放弃抗战。尽管蒋介石、国民党政府采取消极、片面的抗战路线，对日妥协退让，有时候也搞点"和平"谈判，但总算把抗日的旗帜扛下来了。因此，从民族战争的角度看，蒋介石、国民党在抗战中的重要地位和作用，应当得到客观的、全面的理解。但与此同时更应看到，中国共产党领导的人民力量的存在和发展，是这场民族解放战争取得胜利的更为基本的条件。如果没有这个基本条件，全民族抗战能否实现，或者一时实现了，能否坚持下去而不中途夭折，以及中国能否取得抗战的最后胜利，都要打一个大问号。从这个角度说，中国共产党及其领导的人民力量，是保证抗战胜利的中流砥柱。这一点，也更加应该得到客观的、全面的理解。

从军事方面看，中国抗日战争的特异之处是蒋介石政权控制的正面战场与共产党领导的敌后解放区战场并存。这种两个战场并存的局面，是第二次世界大战中中国战场所特有的。国民党政府掌握着国家军队，有国家提供的后勤支持，与敌人正面相抗衡。1938 年 10 月武汉失守以前，正面战场与日寇作战是积极的。抗战进入相持阶段以后，正面战场作战就消极了。而中国共产党领导的八路军、新四军则不断深入敌后，先后建立起 19 个敌后抗日根据地，发动广大人民，开展大规模的游击战争。在敌占区，除了城镇和铁路沿线，都是人民发动游击战争的战场。国民党攻击共产党"游而不击"，这是出于制造反共舆论的需要。在敌人鼻子底下，"游而不击"，怎能生存下去呢？实际上，敌后战场吸引了在华日军大部分兵力。1944 年 3 月日军发动豫湘桂战役以前，敌后战场抗击日军 56 万人中的 64.5%，正面战场抗击 35.5%。日伪军加在一起，敌后战场抗击敌人总数 134 万中的 110 万，即 80%。客观地说，敌后战场、正面战场，共同构成了中国抗日战场的全局。它们在战略上是互相依托、互相配合的，这种战略配合关系并没有高下之分，在抗战战略的意义上是同等重要的。正是因为敌后战场吸引了大部分日伪兵力，自然就减轻了正面战场的压力。两个战场互存互补，互相支持，缺一不可。缺了一个，抗日战争的胜利都是难以想象的。正是因为有正面战场的坚持，又有敌后战场的强大存在，才使日寇招架不住，穷于应付，才有抗战胜利的结局。

抗日战争中两种力量的相互消长

著名历史学家刘大年在研究抗战历史的时候，有一个重要的结论：抗日战争既是民族战争，又是人民战争。其实，当时的亲历者就有这样的认识。亚洲问题专家、曾任蒋介石政治顾问的美国人拉铁摩尔在皖南事变后说过："对中国人民来说，这四年的历史既是争取民族解放的历史，又是国内革命的历史"，抗日战争是"争取民族独立和国内民主革命相结合的战争"。从这个观点出发，在抗日战争中，客观上存在着两种力量相互消长的过程。从民族战争这一面说，是日本侵略力量由盛转衰、中国抗战力量由弱转强的过程；从人民战争这一面说，是国民党政权的力量由盛转衰、中国共产党领导的人民力量由弱转强的过程。这两个过程是在抗战进程中逐步展现出来的。

日本帝国主义把中国和朝鲜看成是"不幸的近邻"和"恶友"，以为一个月或三个月就可以完成侵略中国的战争，就可以建设"大东亚共荣圈"的"王道乐土"。这是日本帝国主义者大错特错的认识。而日本帝国主义最大的错误是与全体中国人民为敌，与中华民族为敌，以为像甲午战争那样，像八国联军那样，可以轻易地摧毁中国人民的意志。到20世纪30年代，时势已经完全不同了。中国建立了举国一致的抗日民族统一战线，以正面战场和敌后战场相结合的战略配置，采用毛泽东同志所规划的持久战作战方针，中国共产党在敌后广泛发动了人民群众，使得日本侵略者深陷于人民战争的汪洋大海之中，不能自拔。

在中、日双方力量消长的过程中，还有一个国、共两党力量消长的过程。抗战期间，国民党控制国家政权，可以调动全国军队，中共领导的武装力量与之不成比例。但是国民党主张片面抗战，不发动人民群众参加，武汉失守以后，正面战场作战由于指挥不力，打得很不好。在这种情况下，国民党、蒋介石还不放弃反共，一再制造反共高潮，意欲在抗日民族战争中消灭共产党。共产党本着政治从严、军事从宽的原则，与国民党进行了有理有利有节的斗争，既给了国民党以打击，又保住了国共合作的大局，还推动了民心与国民党渐行渐远、与共产党日益靠近的转变。特别是 1944 年日军发动"一号作战"，造成正面战场豫湘桂大溃败，引起了整个大后方民心的极大震荡。人民对国民党政府的不信任日渐增加，开始更多地把新中国的希望、把中华民族复兴的希望寄托在延安，寄托在中国共产党身上。正是在这样的民意背景下，1944 年 9 月，国民参政会参政员林伯渠代表中共在国民参政会上，提出了废除国民党一党专制、建立联合政府的主张。这个主张，得到了中间势力的支持，得到了社会舆论的强烈反应。中国民主同盟公开发表声明，主张结束一党专政，建立各党派联合政权，实行民主政治。这是一个重要的政治动向。成立联合政府，一时成为国内政治舆论的最强音。毛泽东同志后来说，联合政府口号一提出，"重庆的同志如获至宝，人民如此广泛拥护，我是没有料到的"。它表明，国内政治的天平明显地偏向了共产党。美国人谢伟思当时就看出了这一点，他写道："随着国民党失败越来明显地暴露，中国国内的不满在迅速发展。党的威信空前低落，蒋越来越失去作为领袖曾一度享有的尊敬。"国共两党力量在中国政治上的消长成为这一时期转变中国命运的关键。著名历史学家金冲及说过："抗日战争时期大后方的人心变动发生在 1944 年豫湘桂大溃退后。它造成的强大冲击波，不仅影响抗战最后阶段的国内政治局势，而且延伸到战后，在相当程度上埋下了国民党政府失败的重要种子。"这就是抗战胜利不久，在决定中国命运的时刻，只用了不过三四年时间，不论在前方后方，共产党就得到人民的全面支持，迅速取得全国政权的原因。

世界历史与世界史理论体系[*]

——在中国社会科学院"世界史高级论坛"开幕式上的致辞

　　中国的世界史研究，作为一门学科是后起的。1949 年以前，中国的历史学界还谈不上世界史的研究，直到 20 世纪下半叶才逐渐兴盛起来。中国社会科学院世界史研究所在 20 世纪 60 年代中成立，对于推动国内的世界史研究起到了重要的作用。改革开放以来，服务于国家对外开放事业的需要，以及全球化背景下的时代需要，进一步推动了我国世界史学科的发展与繁荣。

　　中国学者用中国人的眼光观察世界历史的发展进程，对世界历史研究中的"西欧中心论"保持着质疑的态度，并且一直在探讨中国学者主张的世界史理论体系。武汉大学历史系教授吴于廑对世界史学科的对象、范围、主题、途径、主线和研究方法提出了一系列看法，他认为：世界历史在前资本主义时代是孤立发展

＊ 本文原载于《史学史研究》2009 年第 1 期。

的，只是经历了 15 世纪、16 世纪以来的一系列重大转折之后，才形成整体的世界史。吴于廑先生在他撰写的《中国大百科全书》"世界历史"条目中指出，世界历史的纵向发展"是指人类物质生产史上不同生产方式的演变和由此引起的不同社会形态的更迭"，而横向发展"是指历史由各地区间的相互闭塞到逐步开放，由彼此分散到逐步联系密切，终于发展成为整体的世界历史这一客观过程而言的"，"研究世界历史就必须以世界为全局，考察它怎样由相互闭塞发展为密切联系，由分散演变为整体的全部历程，这个全部历程就是世界历史"。这个看法的核心是如何从全局上说明历史怎样发展为世界历史，可以把它称为整体世界史观。这种世界史理论体系，希望突破西欧中心论，写出真正意义上的世界史。北京大学历史系教授罗荣渠提出了以现代化的世界进程作为世界历史理论体系和架构的观点，并且为此做了大量的研究工作。他主张："新的现代化理论应该以马克思主义关于生产力与生产关系的理论、经济基础与上层建筑的理论为纲，从经济史入手，加强对原始积累、商业资本、工业资本一直到垄断资本的更深入的全面研究。"这一理论模式，在中国世界史学界有相当影响。是否以现代化作为世界近现代史学科新体系的主题，学者间一直存在争论。最新的争论出现在最近出版的《历史研究》杂志上。这期杂志上有学者坚定主张以现代化为主题构建世界近现代史新的学科体系，也有学者反对这一主张，认为"不应该抛弃社会形态从低级向高级发展的主线另起炉灶"。还有学者坚持整个社会形态的交替构成了人类历史进程的基本内容和主要的线索，认为"没有一种其他的历史理论和学说比马克思主义的历史理论更加关注人类整体的历史，马克思主义的历史理论对人类社会及其发展变化的阐述所具有的系统性和完备性是任何已知的其他理论无法相比的。从这一意义上说，我们在构建世界历史体系的工作中也应该坚持以唯物史观为指导"。在世界史研究和撰写体系中，突破西欧中心论，是否意味着世界历史就是各国历史的总和呢？有的世界史学者认为，我国编写的各种世界史教材（包括通史和各种断代史），都是按照社会发展形态进行历史分期，逐一叙述各地区、各国和各民族的历史。这实际上是一种分阶段的各国历史汇编。学者认为，这样一种历史叙述方式不能总揽世界全局，不能从全局考察人类社会的演变过程，不可能成为反映客观历史过程的科学著作。我国学术界应该以一种开放的、包容的、多元的态度，努力构建中国的世界史体系，有鉴别地吸取当代国际史学及社会科学一切新理论和新方法，考察人类文明形成与发展的整体轨迹，考察人类社会历史的整体发展。由此，有的学者提出了"全球史观"这样的概念，认为"全球史观"这样的概念可以避免用国别史范畴的概念去说明世界史的运行特点和规律的弊病，更加科学地发现和说明整个世界的发展状况及发展规律。

近年来，我国世界史学者就全球化和全球史，进行了热烈的讨论。有的学者认为，全球史观是一种借用历史哲学和历史学已有成果的新提法，不是解释历史的新方法，更不是一种博大周密的新体系。有的学者认为，全球史观不是不需要历史中心，而是要建构新的中心。有的学者认为，全球化史观的影响力有限，尽管全球化史观已经问世近半个世纪，但西方人文社会科学的基础基本上还是建立在"欧洲中心论"的历史解读之上。有的学者认为，全球化史观还存在诸多理论缺陷，最明显的是忽视社会内部的发展。还有的学者认为，就如同不存在"文化全球化"一样，也不存在"全球化"的全球史。每个国家和民族都有自己心灵中的全球史。

在讨论世界史体系、质疑"西欧中心论"的时候，不能犯简单化的毛病。已经有学者指出，"西方中心论"是否成立，并不取决于主张这种理论逻辑的研究者是否站在西方的立场上，而是取决于世界历史的客观进程中是否发生过西方作为支配性的力量崛起于世界的历史事实。客观地来看，从曾经影响世界历史进程的角度说，在15世纪以前，世界历史上存在过不止一个中心。资本主义兴起和发展以后，世界历史的中心变成以西欧为主。无论是向世界各地传播资本主义，还是向世界各地同时传播殖民主义，欧洲都曾经严重影响了世界历史的进程。但是世界历史的中心也不止一个。在很长的时期里，东方社会以中国为代表也还是一个中心。当然这个中心自19世纪中叶起，其地位慢慢削减以至于消灭。世界无产阶级革命兴起，俄国十月革命以后，世界逐渐形成社会主义阵营和资本主义阵营，社会主义阵营就有苏联一个中心，资本主义阵营有美国一个中心。第二次世界大战中，难道不是世界历史上的多中心吗？我们不能否认，在一段时间里，在欧洲发动战争的德国是一个中心，在亚洲发动战争的日本也是一个中心。历史进程还在发展之中，第二次世界大战后，反殖民主义及民族独立运动在世界范围内兴起，世界历史的中心也在发生变化。今天的美国是世界历史上的一个中心，但是不能说今天的世界只有一个中心。世界历史的推进从来都是在不止一个中心存在的情况下，两个或者多个中心进行博弈的结果。因此在处理世界历史进程的中心问题上不可以太过于简单化。质疑"西欧中心论"或者"西方中心论"，是质疑西欧或者西方作为观察世界历史发展的中心的观点，不是否定在世界历史发展的某一个时期，西欧或者西方曾经起过历史中心的作用；是质疑在这种观点下，无视世界历史的其他地区如广大的亚洲、非洲、拉丁美洲各国人民推动历史发展、创造历史契机的主动能力和实践。

按照历史唯物主义的原则，按照实事求是的精神，准确把握住影响世界历史进程的重大事件，从这些重大事件与世界的联系中来总体把握世界历史发展的全局，是世界史研究者的责任。中国的和平发展，中国与世界越来越广泛的多种联系，要求发展中国历史学中的世界历史研究，建立包含面更大的世界史学科。这是时代向中国的世界史研究者提出的任务。

今天的中国正处在成为影响世界历史进程的发展中大国的过程中。有中国特色的社会主义理论体系，加上科学发展观的实践，正在形成区别于世界历史上各种发展模式的新的模式。我们正在利用这种新的发展模式，应对来自世界大国美国的资本主义经济危机。我们相信，中国的这种发展模式，会减轻世界范围的经济危机的冲击。在这种历史背景下，为了使中国的发展之路走得更为平稳，中国人还需要有更为开阔的国际视野，需要更为丰富的世界历史知识，需要对世界历史发展不平衡性的深刻认识。这就要求国家的世界历史教学有更大的发展。可惜，我们今天的世界历史教学还不能适应这种时代需要。我国的世界历史教学事业，还需要加大力度，还需要扩大规模。因此，在国务院学位委员会制定的学科目录中，把世界历史的教学作为一级学科尽早地确定下来，对于适应时代对世界历史知识的需要，对于进一步推动中国的世界历史研究，是较为恰当的。

中华人民共和国成立的伟大历史意义 *

2009 年 10 月 1 日，是中华人民共和国成立 60 周年纪念日。这是一个十分值得庆祝的日子。中华人民共和国的成立是中国历史上的伟大事件，也是世界历史上的伟大事件。这个伟大事件改变了中国历史发展的方向，也深刻影响了世界历史发展的进程。

近代中国：列强侵略下的半殖民地半封建社会

为了说明中华人民共和国成立的伟大历史意义，我们首先回顾一下新中国成立以前的中国和世界。

中国是世界上历史最悠久的文明古国之一，仅封建社会就经历了 2000 多年。到 1840 年，英国发动侵华的鸦片战争，中国进入了近代。从 1840 年至 1949 年的 109 年，是中国社会变化空前

---

* 本文原载于《人民日报》2009 年 9 月 1 日第 7 版。

剧烈的时期，是中国落后挨打并逐步沦为半殖民地半封建社会的时期，是中国人民在民族危亡面前不断觉醒，为了国家独立、民主和现代化而奋起反抗帝国主义侵略和封建统治的时期，是中国由旧民主主义革命转向新民主主义革命的时期，是旧中国走向新中国的关键时期。

1842 年 8 月，清政府在鸦片战争中失败，被迫签订了不平等的《南京条约》。从此，中国被套上不平等条约体系的枷锁。那时候，西方资本主义正处于上升期，急于在世界各地寻找殖民地并开拓世界市场，促使自由资本主义发展为帝国主义，为此不惜发动战争，包括 20 世纪上半叶发动的两次世界大战。中国因为长期固守封建制度，特别是明末清初实行海禁政策，封闭了国人的眼界，郑和下西洋那样壮丽的情景不能再现。清初虽然出现过康乾盛世局面，但依然是在封建社会的基本政治经济制度上的发展，比起资本主义取得的生产力进步，中国在总体上是大大落后了。这就使中国在突然面对西方势力来侵的时候，处在被动挨打的地位。世界上所有发展中的资本主义国家纷至沓来，都想从中国身上瓜分一块肥肉。尤其是甲午战争后，欧美列强看见东方刚刚崛起的小国日本打败了中国，便认为中国这个东方巨人已经躺在"死亡之榻"上，瓜分这个巨人"遗产"的时机已经到来，便纷纷在中国抢占租借地，划分势力范围，获得各种政治、经济利益。清朝朝廷名义上保持着独立的地位，但中国实际上濒临被瓜分的境地。在近代中国历史上，中国首都三次被外国武装势力占领：第一次是在 1860 年 10 月，英法联军占领北京，清朝朝廷"北狩"热河，被迫签订下《北京条约》；壮丽无比、举世无双的皇家园林圆明园被侵略者毁之一炬。第二次是在 1900 年 8 月，八国联军占领北京，清朝朝廷仓皇逃亡西安，后来被迫签订《辛丑条约》；八国军人分治中国京师，为了侮辱中国，他们在紫禁城举行分列式，武装通过皇宫。第三次是在 1937 年 12 月，日本侵略军占领中国首都南京，实行惨绝人寰的大屠杀，酿成历史上极为少见的人间惨剧，中国被迫迁都重庆；此后，日本帝国主义的铁蹄踏遍了华北、华东、华中、华南大半个中国的领土。

近代资本—帝国主义迫使弱小国家签订不平等条约，是资本主义体系中最恶劣的国际关系准则。中国作为一个封建大国，面对西方资本主义体系先进的生产关系和生产力，却是一个落后的弱小国家。近代中国被迫同列强签订一系列不平等条约，是导致中国沦为半殖民地半封建社会的重要因素之一。这个不平等条约体系，内容涉及许多方面，后果十分严重：第一，极大地破坏了中国的领土和主权完整，包括割让领土、出让领土管制权、租借地和租界、引水权、军舰驻泊权、内河航行权、驻军权等；第二，单方面开放通商口岸；第三，破坏了中国的关税自主权；第四，破坏了中国司法主权的完整；第五，规定片面最惠国待遇，其他任何国家都可以沿用这种规定，从中国索取利益；第六，规定鸦片自由贸易；第七，规定自由传教；第八，涉及大量对外赔款。列强对中国的侵略战争，侵犯中国领土，破坏中国主权，屠杀中国军民，掠夺中国财产，给中国造成极大的损害。在这些战争中，列强是加害的一方，中国是受害的一方，中国理应向他们索取赔偿，但战争结果却是列强迫使中国付出昂贵的赔偿代价。对外赔款是近代中国的一项沉重负担。除战争赔款以外，还有教案赔款等其他名目的赔款。粗略统计，1841 年至 1911 年实际赔款总额达到 9.65 亿两白银，1912 年至 1949 年新中国成立前为 6000 多万元。赔款情况实际还要复杂许多。为了赔款，中国向西方银行大量借款，付出大量利息、回扣以及其他权益。

在不平等条约体系下，中国的独立、主权已经降到不可能再低的程度了！中国人受到了无比的欺凌和盘剥。这就是半殖民地半封建社会的中国。

走社会主义道路是近代中国历史发展的必然结果

作为一个历史悠久的国家，中国与周边国家、与西方国家的关系经历了长久的年代。鸦片战争以前，以中国为中心，形成了东方式的国际关系体系。在这种体系下，中国不大关心西方世界的发展。西方资本主义的发展以及殖民主义扩张，通过鸦片战争与中国紧密地联系在一起。西方式的国际关系体系以大炮为前锋，把贸易和殖民体系迅速推向东方，使以道德和尊严相维系的东方式国际关系体系很快败下阵来。中国在屈辱、赔款、割让土地和主权被侵蚀的恶劣国际关系环境中苦苦挣扎。到了 20 世纪初，即《辛丑条约》签订以后，无论从国际关系的角度说，还是从国内历史进程的角度说，中国国势的沉沦都到了"谷底"。

在失败和屈辱中，中国的先进分子在思考并且开始觉醒。一批早期改良派的思想家对洋务运动批评颇多。他们批评洋务派只知"师夷长技"，徒袭西艺之皮毛，未得西艺之要领。于是，康有为、梁启超等人在光绪皇帝支持下，发动戊戌变法。百日之内，政治、经济、军事、法律、学校教育诸方面的诏谕，像雪片一样地飞来，看似轰轰烈烈、大有作为的样子。但政变随之而来，光绪被囚，康梁逃亡，六君子喋血菜市口。华北农民的反帝爱国行动也失败在血泊中。这样顽固的封建专制政府，岂能领导国家的改革和进步？

孙中山是 20 世纪初深刻揭示中国社会发展方向的杰出革命家。在艰难的探索中，他鲜明地提出民族、民权、民生三大主张，开创了完全意义上的中国近代民族民主革命。辛亥革命获得成功，推翻了在中国沿袭 2000 多年的封建帝制，建立了按照资产阶级民主政治理念设计的新的国家形式。但是，辛亥革命后，国家政权为袁世凯和北洋军阀所掌握，军阀混战，国无宁日，民不聊生，国家的独立和民主、富强仍旧没有希望。

五四时期，先进知识分子毅然举起民主与科学的旗帜，从思想、道德和文化方面对封建主义进行深刻批判，从而揭开了思想启蒙的序幕。一些人对资本主义社会产生怀疑，提出了改造中国社会的方案。俄国十月革命对他们产生了重要影响，他们看到劳动者第一次成为国家的主人，认为这是"社会主义的胜利"，"世界劳工阶级的胜利，是二十世纪新潮流的胜利"。这种主张影响了新文化运动的发展方向，也影响了五四运动的发展方向。五四时期，马克思主义在中国的广泛传播以及中国内忧外患的加剧，促使先进的知识分子聚集在马克思主义的旗帜下。1921年，中国共产党的成立并成为中国革命运动的领导者，正是适应了历史的需要。

20世纪20年代，在中国共产党帮助下，中国国民党召开第一次全国代表大会，形成第一次国共合作，并取得了打败北洋军阀的胜利。但此后蒋介石垄断了国民革命的领导权，背叛国共合作，造成合作破裂、国共内战的局面。1937年，由于日本帝国主义侵略中国，中国共产党与中国国民党在空前的民族危机面前再次携手，动员全国人民共同抗击日本侵略，并最终取得了抗日战争的胜利。抗日战争胜利后，蒋介石坚持国民党独裁统治，导致了国共合作的破裂。

在这个过程中，以毛泽东同志为代表的中国共产党人把马克思列宁主义同中国革命实际相结合，创立了毛泽东思想，形成了新民主主义革命理论以及在这一理论指导下反帝反封建的战略和策略，提出了引导中国革命走向胜利的正确方针，指明了中国必须先经过新民主主义，然后进入社会主义的发展道路，为新中国的成立奠定了深厚的政治和思想基础。

新中国要走社会主义道路，是近代中国历史发展的必然结果。

五四运动以后特别是国共合作以后，是把资本主义作为国家发展的方向，还是把社会主义作为国家发展的方向，是许多人特别是知识界都在思考的问题，也是关注中国社会发展方向的政党严肃思考的问题。在各种救国方案中，三民主义和社会主义的影响最大。这两种思潮或者主义的传播和实施，都影响了中国社会的发展方向。在近代中国，哪种政治势力能够领导人民赢得民主主义革命的胜利，哪种政治势力就能取得引导中国走何种道路的主导权。

三民主义是孙中山在 20 世纪初的国际国内情势下提出来的政治思想主张，是中国资产阶级民主主义革命的基本纲领。这种主张或者纲领，在 1924 年中国国民党第一次全国代表大会上经过孙中山的重新阐述，反映了当时国共合作反对北洋军阀的要求。反映孙中山社会改造思想的是三民主义中的民生主义思想。1925 年初孙中山去世后，随着中国国民党的分裂，三民主义被国民党内不同政治主张的野心家所篡改。篡改后的"三民主义"违背了孙中山"联俄、联共、扶助农工"的政策，反对马克思主义，反对社会主义学说，反对并屠杀共产党，主张镇压工农运动。国民党、蒋介石背离人民大众的利益，违背近代中国历史前进的方向，终于在决定中国历史命运的大决战中彻底败北。三民主义不能救中国，就在这样的大决战中被证实了。

能够救中国的只能是新民主主义理论。毛泽东同志指出："只有经过民主主义，才能到达社会主义，这是马克思主义的天经地义。""民主主义革命是社会主义革命的必要准备，社会主义革命是民主主义革命的必然趋势。"民主主义社会是过渡性的社会，它的前途必定是社会主义社会。这就是说，新民主主义理论明确规定了中国的社会主义发展方向。中国走社会主义道路，是历史的选择、人民的选择，这个选择经过了严酷的历史实践的检验。

1949 年 10 月 1 日中华人民共和国成立，是从旧民主主义革命到新民主主义革命各阶段经验教训的总积累，标志着近代中国反帝反封建斗争的最后胜利。这是100多年来中国历史的一个具有伟大意义的里程碑，也是中华五千年历史中一个伟大的里程碑。它结束了鸦片战争以来的半殖民地半封建社会，结束了2000多年的封建专制制度，中止了中国可能走向资本主义世界体系的发展趋势，结束了极少数压迫者、剥削者统治广大劳动人民的历史，结束了国家四分五裂、争战不断和人民生活贫困、生灵涂炭的局面。中国人第一次看到一个独立、统一、人民当家作主的新中国屹立于世界。

开启中华民族伟大复兴的历史新纪元

新中国的成立，实现了国家的空前统一，这在旧中国是不可想象的。

1949年10月，在中华大地上诞生了一个空前统一的人民共和国。

中国的地理版图在清朝中叶基本上确定了。经过鸦片战争以后多次因战争失败对外割让土地，大体上形成了中华人民共和国成立时的国土面积。新中国在这个版图上形成了省、自治区、直辖市这样一种行政体制。省区市以上是中央人民政府（1954年《宪法》规定："中华人民共和国国务院，即中央人民政府"）。这样的行政体制，大大加强和提高了国家的统一性和行政效率。1949年以前的近代中国是一个分散而虚弱的国家。分散被人称为"一盘散沙",虚弱的另一称呼是"东亚病夫"。从晚清到民国,国家的行政体制始终未能一致,指臂不灵,尾大不掉,中央政府始终不能有效地号令全国。新疆在1884年建省,台湾在1885年建省,东北三省在1907年才建省,内蒙古的绥远、察哈尔等地以及宁夏、青海等地很晚才建省。边远地区不少地方还是土司掌管,改土归流远未完成。从湘军、淮军到北洋六军,各占地盘,完全没有大局观念。地方诸侯,各拥武装。国民党政府时期,桂系、滇系、川系、晋系、西北五马等,各掌门户,分裂分散,混战不断,生灵涂炭。国民党政府何时真正统一过全国?新中国一改旧观,全国行政区划归于统一。实行民族区域自治制度,各民族一律平等,各民族间的关系逐渐走向和谐。稳定物价,镇压反革命破坏活动,消灭土匪黑道,社会秩序迅速归于平静,人民生活在安定祥和之中。这不仅是近代中国不曾有的,也是中国几千年历史上不曾真正出现过的。

台湾自古以来就是中国领土的一部分。依照国际法和国内法,中华人民共和国对台湾享有主权是无可争议的。所谓"台湾地位未定论"是完全没有根据的,是一种帝国主义霸权理论。中华人民共和国的治权目前尚未达到台湾,是1949年国内战争的遗留问题。我们今天要用"和平统一、一国两制"的办法解决台湾问题,不是解决主权问题,而是解决治权问题。

1997年7月1日香港从英国管辖下回归祖国怀抱,1999年12月20日澳门从葡萄牙管辖下回归祖国怀抱,洗去了近代以来不平等条约加诸中国的最后的耻辱。金瓯完璧,领土主权的完整实现了。这在旧中国是不能解决的，甚至是不可想象的。

新中国的成立，奠定了社会主义的经济基础，对中华民族伟大复兴具有长远意义。

鸦片战争以后，中国逐步沦为半殖民地半封建社会，原有的经济结构被打破，中国社会在地主制和农民小生产经济的汪洋大海中产生了资本主义经济。在华外国资本主义经济、中国官僚资本主义经济和民族资本主义经济，是那时中国资本主义经济的主要形式。民族资本主义经济受到外国资本主义和本国官僚统治的严重制约，得不到顺利发展。帝国主义还控制了中国的对外贸易和国内贸易，垄断了中国的金融。1928 年，外商垄断组织的贸易占中国对外贸易总额的 90%，外商在中国的航运吨位达到全国的77.7%。在工矿业中，1926 年外国人在中国煤矿业的投资额占中外投资总额的 72%。1937 年后，除了日本，其他帝国主义国家纷纷撤出。日本为了"以战养战"，在华投资额骤增，加紧了对中国各行业的控制和掠夺。总之，帝国主义对中国的经济侵略严重阻碍了中国民族资本主义的发展，阻碍了中国的社会进步。

官僚资本是指国民党统治时期，利用政治特权积累的巨大财富。官僚资本是半殖民地半封建社会形态下特有的经济成分，它对外勾结帝国主义、对内勾结封建势力，依靠国际金融垄断资本，排挤民族资本，操纵国家经济命脉，构成独裁统治的经济基础。官僚资本控制了全国银行总数的 70%、产业资本的 80%，控制了全部铁路、公路和航空运输。

没收封建地主阶级的土地归农民所有，没收官僚资本归国家所有，保护民族工商业，是新民主主义的三大经济纲领。新中国成立伊始，中央人民政府立即实施没收官僚资本为人民的国家所有，1949 年底基本完成。对于在华的 1300 多家外国资本企业，没有采取直接没收的政策，而是首先废除了外国资本企业依据不平等条约所享有的经济特权，然后通过监督和管制、收购、征购等办法，妥善处理外国在华企业。到 1952 年底，基本上清理了帝国主义在华的经济势力。新中国在这个基础上建立起强大的国营经济。国营经济是整个国民经济的领导力量，它形成了人民共和国的物质基础，成为走向社会主义社会的经济基础。为了发展经济，新生的人民共和国并不没收其他资本主义的私有财产，并不禁止"不能操纵国民生计"的资本主义生产的发展。

完成土地改革，是新中国成立之初的一项重大社会改革成就。1950 年，中央人民政府颁布的《中华人民共和国土地改革法》指出："废除地主阶级封建剥削的土地所有制，实行农民的土地所有制，借以解放农村生产力，发展农业生产，为新中国的工业化开辟道路。"地主土地所有制，是封建社会的经济基础。不破除地主土地所有制，不实行"耕者有其田"，民主革命的任务就不能完成，民主革命的下一步任务——实现社会主义也难以完成。到 1952 年底，全国新解放区的土地改革基本完成。这是民主革命取得最后胜利的重要标志。由于土地改革的完成，农民成为新生的人民共和国的基本支持力量，也为农民走上社会主义道路做了很好的铺垫。

新中国的成立，开创了中国现代化的新契机。我们看到，从

1840 年到 1949 年，中国的现代化屡遭挫折失败、屡次失去发展机遇。现代工业只是星星点点地分布在若干城市，工业产值只占国民经济总产值很小的比例，中国仍然是一个传统的农业国家。中国真正走上现代化的发展道路，并且改变中国传统农业国家的地位，是在 1949 年新中国成立之后。历史已经证明，中国的现代化是在 1949 年以后大规模开启的。1978 年以后，中国现代化的进程进一步加快了。

新中国的成立，确立了我国的基本政治制度，使中国迈入长治久安的历史时期，使中华民族伟大复兴有了可靠政治保证。

在近代中国，政治制度经历了一个变化的过程。清朝末年，在国内外情势的逼迫下，清廷曾派五大臣出洋考察政治，最终形成了试行君主立宪制度的基本想法。但在慈禧太后专制下，除了增加几个部以外，不准动摇封建制度的根基。慈禧和光绪死后，清朝产生了皇族内阁，内阁成员多由皇族成员充任。孙中山领导的辛亥革命，成功地推翻了封建专制的政治制度，希望走上资产阶级民主共和政治道路。但是，辛亥革命的胜利成果被袁世凯攫取。民国初年，在民国的招牌下，也曾试行政党政治、议会制，但最后都失败了。从此，老百姓对政党政治、议会道路完全失望了。国民党政府在南京成立后，最后实际上维持了"训政"，维持了蒋介石的独裁统治。

中国共产党一向追求在中国建立民主政治，反对封建专制制度，反对法西斯专政的政治制度，在江西苏区成立苏维埃共和国、试行人民代表大会的民主制度，在陕甘宁边区实行各革命阶级联合的抗日民族统一战线的政治制度，开始摸索能够体现绝大多数人民意愿的民主制度。

半殖民地半封建的中国转变为无产阶级领导的人民共和国，应该实行什么样的政治制度？中国共产党在抗日战争期间就提出了自己的主张。毛泽东同志在《新民主主义论》中指出：在无产阶级领导下的一切反帝反封建的人们联合专政的民主共和国，这就是新民主主义的共和国。在这种国体下的政权构成形式，就是全国人民代表大会直到乡人民代表大会的系统，由各级人民代表大会选举政府。1945年4月，在抗日战争即将取得全面胜利、决定中国未来命运的时刻，中国共产党召开了第七次全国代表大会。毛泽东同志在为大会所作的政治报告《论联合政府》中，阐述了中国共产党的建国主张。他指出："我们主张在彻底地打败日本侵略者之后，建立一个以全国绝对大多数人民为基础而在工人阶级领导之下的统一战线的民主联盟的国家制度。"至于政权组织，则由各级人民代表大会决定大政方针，选举政府，"使各级人民代表大会有高度的权力；又能集中处理国事，使各级政府能集中地处理被各级人民代表大会所委托的一切事务，并保障人民的一切必要的民主活动"。

1949年9月，中国人民政治协商会议通过的《共同纲领》表明，参加政协会议的各革命阶级和党派接受了中国共产党提出的建国方针。中国人民政治协商会议一致同意，以新民主主义即人民民主主义为中华人民共和国建国的政治基础。这就是毛泽东同志在《新民主主义论》中所说的"国体"。至于政体即政权机关，

《共同纲领》规定："中华人民共和国的国家政权属于人民。人民行使国家政权的机关为各级人民代表大会和各级人民政府。"中国人民政治协商会议具有代表全国人民的性质、执行全国人民代表大会的职权，会议的决议代表了全国人民的意志。1954年，召开了第一届全国人民代表大会，正式通过了《中华人民共和国宪法》，选举了中央政府即国务院，任命了国务院组成人员，依法完成了《共同纲领》提出的政权机关的组成。1954年宪法奠定了中华人民共和国政治制度的基础。这部宪法在1978年后经过全国人民代表大会多次讨论修订，但这个政治制度的基础被反复申明和强调。国家的权力运行模式经过多次改革并且至今还在改革中，但是最基本、最核心的东西并未动摇。在旧中国毫无政治地位的广大工农大众第一次成为国家的主人，他们的代表加入了各级政权机关，也成为各级人民代表构成中的主要成分。在政治制度的设计中，人民第一次成为国家的主人，这在中国历史上是没有先例的。

新中国的国家权力构成和政权组成模式，是中国有史以来最能反映民意的模式、最民主的模式、最能集中绝大多数人民意志的模式。这个模式，无论在封建社会还是半殖民地半封建社会，都是不可能出现的。从此，中国的历史开辟了一个新的时代。

新中国的成立，极大地提高了中国的国际地位，这在近代中国历史上是不可能实现的。

新中国成立之前，中国处于半殖民地半封建社会，主权少到不能再少，根本谈不上国际地位。抗日战争取得胜利，中国对世界反法西斯战争作出了重大贡献，战后成为联合国安理会五个常任理事国之一。但是，那时的中国还是在帝国主义的东方链条上，美帝国主义还在通过条约控制着中国，还在直接干涉中国内政，支持国民党打内战。中国仍然是一个没有实力支撑的弱国，不但在战后处理欧洲问题时没有发言权，甚至内政问题还被提到联合国的会议上加以讨论。新中国的成立，结束了半殖民地半封建社会，也就是摆脱了世界资本主义体系，冲破了帝国主义的东方战线，大大改变了世界的政治地图，鼓舞并支持了全世界被压迫民族和被压迫人民争取解放的斗争，具有伟大的国际意义。

新中国有明确的外交政策："不承认国民党时代的任何外国外交机关和外交人员的合法地位，不承认国民党时代的一切卖国条约的继续存在，取消一切帝国主义在中国开办的宣传机关，立即统制对外贸易，改革海关制度"，收回驻军权和内河航行权。这一外交政策，清楚地体现了一个负责任的独立的主权国家的本质特点。只要同意上述外交政策，按照平等、互利及互相尊重领土主权等原则，新中国可以与任何国家建立正常的外交关系。对于与资本主义各国建立外交关系，要求"各国无条件承认中国，废除旧约，重订新约"。这就叫作"另起炉灶"，"打扫干净屋子再请客"。在这个原则之下，到1950年10月，就有25个国家承认中华人民共和国，有17个国家与新中国建立了正式的外交关系。通过有步骤地彻底清除帝国主义在中国的控制权，包括政治上、经济上、文化上的控制权，中国人、中国这个国家就在世界面前站起来了，中国作为一个独立的主权国家的国际地位就确定了。

这是整个中国近代史上所有志士仁人所梦寐以求的，"是一百多年来旧中国的政府所没有做到的"。

新中国国际地位的提高，还表现在新中国成立之初的抗美援朝战争。美国是超级大国，率领部分国家组成"联合国军"侵略朝鲜，战火燃烧到鸭绿江边，威胁中国的安全。为了保家卫国，中国人民志愿军赴朝，与朝鲜人民军一起坚决抵抗了以美国为首的"联合国军"的侵略。新中国成立不到一年，百废待举，百业待兴，经济十分落后，仍然不在强权面前低头，终于把美国逼到谈判桌前。一个落后的国家与世界强权国家相抗衡，全世界都另眼相看。这在近代旧中国是绝对做不到的。

新中国的成立是"第二次世界大战以后最重大的政治事件，对国际局势和世界人民斗争的发展具有深刻的久远的影响"。新中国刚一成立，就通知联合国秘书长，不承认国民党政府派驻联合国的外交代表，并且出席日内瓦会议、万隆会议，提出中国的主张，发出独立主权国家的声音。此后，中国在国际社会一贯强调独立自主和平外交，强调和平共处五项原则，强调国家不论大小一律平等，反对帝国主义霸权政治，主张多极政治，主张发达国家要支持发展中国家发展经济，主张对话反对战争，等等。这些都充分展示了新中国的国际关系理念，对构建和谐国际关系起到重要的促进作用。

新中国成立后，经过 60 年的发展特别是最近 30 多年的发展，我国发生了翻天覆地的变化，经济、政治、文化、社会等各项事业取得巨大进步。当然，我们不能骄傲。毛泽东同志在 1949 年党的七届二中全会上说："夺取全国胜利，这只是万里长征走完了第一步。如果这一步也值得骄傲，那是比较渺小的，更值得骄傲的还在后头。在过了几十年之后来看中国人民民主革命的胜利，就会使人们感觉那好像只是一出长剧的一个短小的序幕。"在60年之后回顾中华人民共和国成立的伟大历史意义，回顾新中国的缔造者毛泽东同志当年的预言，是何等亲切、何等振奋！

近代中国历史发展选择了社会主义道路 *

1949 年 10 月中华人民共和国中央人民政府成立以后，在新民主主义革命胜利的基础上，国家没收了国民党政府控制的垄断资本即官僚资本的企业、银行，成为新民主主义国家的物质基础，随即也成为过渡到社会主义国家的物质基础。经过将近 60 年的探索和发展，今天的中国已经筑牢了社会主义的物质基础，虽然我们还处在社会主义初级阶段，但是与 30 年前，与 60 年前已经是不可比拟了。我国无论是在社会主义经济制度、政治制度还是文化领域，已经在中国特色社会主义理论指引下，形成了具有自己特色的发展模式。

或者要问，60 年前，中国为什么要走上社会主义道路？回答很简单，这是近代中国历史发展的结果，是历史的选择。这个问题，必须从历史发展的角度来说明，来理解。

＊ 本文原载于《当代中国史研究》2009 年第 5 期。

第一，从近代中国历史进程的演变来看。鸦片战争以后，中国逐渐形成半殖民地半封建社会。这种社会性质决定了中国必须进行反帝反封建的民主主义革命，才能获得民族独立（对帝国主义而言）和民主进步（对封建主义而言）。在中国，哪一种政治势力能够领导人民赢得民主主义革命的胜利，就取得了引导中国走何种道路的主导权。在晚清，康有为、梁启超发动的戊戌变法，有可能引导中国走向资本主义社会，但是运动被慈禧太后打倒在血泊中，未能成功。孙中山领导的中国同盟会，以及民国初年由同盟会改组的中国国民党，是近代中国的资产阶级革命政党，它有可能通过推翻清政府把中国引导到资本主义社会，但是由于中国资产阶级及其政党的软弱，辛亥革命后成立的南京临时政府被清政府最后一任内阁总理大臣袁世凯窃夺了。民国初年军阀混战，国家分裂，人民涂炭。五四运动以后，国家情势发生很大变化。俄国十月革命的影响在中国迅速传播开来。1921年中国无产阶级政党——中国共产党成立以后，逐渐主导了中国革命的方向。以毛泽东同志为代表的新民主主义革命理论对中国前进方向有清楚的阐述：中国反帝反封建的资产阶级民主主义革命必须由无产阶级领导，中国革命的前途是社会主义和共产主义。为了走向社会主义，第一步是实行新民主主义，第二步才是社会主义。从十年内战时期的革命根据地到抗日战争时期的敌后根据地和解放区，中国共产党领导了广大的地区和人民从事艰苦的革命斗争，一向以社会主义、共产主义相号召，鼓舞着广大的地区和人民。抗战胜利后，国民党政府悍然发动以消灭中共为目的的内战，结果在内战中彻底失败。这个结局决定了中国共产党真正成为推动中国社会前进的主导力量，决定了中国由新民主主义转向社会主义的必然性。

第二，从近代中国政治思想史发展的角度看。中国传统儒家思想中就有大同思想。《礼记·礼运篇》"大道之行，天下为公"的大同理想，不仅是儒家的追求，也是老百姓的追求。大同理想较易与社会主义思想相结合。孙中山的思想在这方面是一个典型。三民主义中，孙中山最看重的是民生主义。所谓民生主义，孙中山用的英文词就是 Socialism。这个英文词，通常被翻译成社会主义，孙中山认为翻译成民生主义更好。有时候，孙中山直接用社会主义来说明他的民生主义主张。1912 年，孙中山曾提出把中国建设成为理想的社会主义国家，希望做到"我民幼有所教，老有所养，分业操作，各得其所"。孙中山认为民生主义并不是要反对资本、反对资本家，只是要反对少数人对社会财富的垄断，防止资本家垄断所产生的社会流弊。

由于民生主义学说中蕴含若干与社会主义相近的设想，民生主义往往被评价为社会主义。实际上，孙中山所要建立的，不是没有资本家的社会，而是不要大资本家的资本主义社会。但是孙中山又强调，他的民生主义与共产主义是好朋友。1924 年，孙中山在广州演讲民生主义，强调指出："共产主义是民生的理想，民生主义是共产的实行；所以两种主义没有什么分别，要分别的还是在方法。"又说，"三民主义之中的民生主义，大目的就是要众人能够共产"，"人民对于国家不只是共产，一切事权都要共的。

这才是真正的民生主义"。孙中山的民生主义—社会主义思想，在中国人民中是有影响的。这在一定意义上，形成了历史选择社会主义的思想基础。

第三，从近代国际环境和民族危机的影响来看。1929年至1933年由美国引起的经济危机使资本主义世界深陷经济、政治、信仰灾难的恐慌之中，资本主义的吸引力在危机中日益受到质疑。与此同时，社会主义国家苏联的第一个五年计划取得了辉煌成绩，社会主义的影响力迅速彰显。在经济危机的打击下资本主义国家加强了对华经济掠夺，日本则悍然发动侵华战争，民族危机促使人们寻找新的出路。在这样的历史背景下，中国知识分子大多对苏联社会主义表达了好感，他们把苏联的成功归因于苏联的社会主义制度、计划经济及马克思主义，知识界在对未来中国发展道路进行思索时，不少人表达了对社会主义的热切追求，社会主义思想由此达到高潮。①

第四，从广大人民群众的态度来看。1944年，国民党军队在豫湘桂战役中大溃败，引起了大后方的知识界、工业界人士对国民党政府执政能力的怀疑。抗战胜利后蒋介石以消灭中共为目的，悍然撕毁"双十协议"和新政协决议，拒绝组织联合政府，发动内战，更把期望和平的人民和知识界推向了共产党一边。民主党派纷纷明确表态支持中共的政治、经济主张。那时，就是主张第三条道路的知识分子，也不反对在中国实施社会主义的经济制度。

---

① 详细论证参见郑大华、谭庆辉：《20世纪30年代初中国知识界的社会主义思潮》，《近代史研究》2008年第3期。

以上四点，充分说明中国走上社会主义道路，得到了工农大众的支持，得到了知识分子的理解，得到了民主党派的拥护，工商界也不反对。这就是1953年提前从新民主主义过渡到社会主义，1956年实行社会主义改造、全行业公私合营十分顺利的原因，结论是近代中国历史的发展为中国选择了社会主义。历史也已经证明，这一选择为当代中国的一切发展进步奠定了根本政治前提和制度基础。

　　以上这些观点在《人民日报》发表后[①]，引起了读者和网友的兴趣，有的网友提出了一些问题，作为商榷。

　　问题一，在近代中国，救国强国的思潮非常多，为什么最后是马克思主义引领中国人民实现了救国强国的梦想？马克思主义在中国的发展有历史的必然性吗？

　　这个问题提得很好。的确，在近代中国，各种救国思潮很多。教育救国、科学救国、实业救国、道德救国等，在一部分知识分子和实业家那里，是十分笃信的。还有自由主义、实用主义，等等，在知识分子中也有一定市场。君主立宪、共和制度经过长期辩论。什么国家主义、好人政府、联省自治、乡村建设，各种政治主张，有人提出，有人实践，很快也就烟消云散。最重要的思潮或者主义是两种：三民主义救中国，还是社会主义救中国。这两种思潮或者主义的传播和实施，都将会影响中国社会的发展方向。

----

① 张海鹏：《中国走社会主义道路是历史的选择》，《人民日报》2009年1月12日第7版。

　　三民主义是孙中山在 20 世纪初国际国内情势下提出来的政治思想主张，是 20 世纪初中国资产阶级民主主义革命的基本纲领。这种主张或者纲领在 1924 年中国国民党第一次全国代表大会上，经过孙中山的重新阐述，反映了那时国共合作反对北洋军阀的要求。基本上，反映孙中山的社会改造思想的是三民主义中的民生主义思想。民生主义思想，首先来自 19 世纪末欧洲的社会主义运动的启发，在一定意义上还受到马克思主义的影响，又结合了中国传统的大同思想，形成了用民生主义改造中国社会的一系列主张。他受到欧洲从自由资本主义到垄断资本主义转型中所产生的剧烈变动的影响，对垄断资本主义制度展开了强烈的批判。当时的人们从这些批判中，不难得出民生主义是要反对资本家、反对资本主义的看法。所以孙中山一再解释，民生主义并不是要反对资本、反对资本家，只是要反对少数人对社会财富的垄断，防止资本家垄断所产生的社会流弊。实际上，孙中山所要建立的，不是没有资本家的社会，而是不要大资本家的资本主义社会，这是理解他的民生主义的诀窍。孙中山在阐述他的三民主义理论的时候，内心存在对马克思、马克思主义的好感。他虽然批评马克思主义有关阶级斗争理论和剩余价值学说，但是承认马克思是社会主义学说的鼻祖和圣人，而且宣布三民主义与共产主义是好朋友。孙中山去世后，随着中国国民党的分裂，三民主义思想也被不同的政治家和思想家所篡改。有改组派的三民主义，有戴季陶的三民主义，有蒋介石的"儒家化"的三民主义，有胡汉民的三民主义。这些"三民主义"，都违背了孙中山"联俄、联共、扶助农工"的政策，一改孙中山所说三民主义与共产主义是好朋友的认识，反对马克思主义、共产主义，反对并屠杀共产党，镇压工农运动，反对社会主义学说。他们宣布"承认三民主义就要收起共产主义"，坚持"一个主义、一个政党、一个领袖"。国民党、蒋介石脱离人民大众的利益，违背近代中国历史前进的方向，终于在决定中国历史命运的大决战中彻底败北。"三民主义"不能救中国就在这样的大决战中证实了。能够救中国的只能是经大决战检验过的新民主主义—社会主义理论。说中国走社会主义道路是历史的选择，正是近代中国历史发展的方向，是历史实践检验过的。

新民主主义理论，是在马克思主义理论指导下形成的，是马克思主义与中国社会实际、与中国革命实际相结合的产物。新民主主义理论的核心是，中国革命必须分成两个步骤，第一步是推翻帝国主义和封建主义，建立民主主义的社会；第二步才是使革命继续发展，建立社会主义社会。民主主义革命是社会主义革命的必要准备，社会主义革命是民主主义革命的必然趋势。只有完成前一个革命，才能进行后一个革命，两个革命是相联结的，中间不能横插另一个阶段。民主主义社会是过渡性的社会，它的前途必定是社会主义社会。这就是说，新民主主义理论明确规定了中国的社会主义发展方向。

那么，马克思主义在中国的发展有历史的必然性吗？笔者的回答也是肯定的。

首先，马克思主义的出现，不是个别的现象，不是偶然的现象，不是可有可无的现象。马克思主义是世界资本主义发展到一定阶段的产物，换一句话说，它是资本主义成熟到一定发展阶段的产物，也是工人运动成熟到一定阶段的产物。马克思主义理论的重大贡献，一是分析了人类社会由低级到高级的发展规律，二是分析了资本的运行规律并对资本主义社会进行了政治经济学批判，指出了资本主义的社会制度一定要被更高级的社会制度所代替。

其次，马克思主义理论的产生，不仅推动了欧洲的社会主义、共产主义运动；随着资本主义的世界化（包括殖民侵略的血与火的方式），马克思主义理论也在世界范围内传播。

最后，19世纪末20世纪初，还在清朝的最后时期，马克思、恩格斯的一些观点已经出现在中文刊物和著述上。这就是说，马克思主义在中国的传播迟早是要发生的。第一次世界大战后，中国作为战胜国在巴黎和会上的失败，大大刺激了中国知识分子和仁人志士的思考，再加上俄国十月革命的胜利成果的推动，中国人进一步思考从晚清到民国初年中国的历史发展道路，更容易接受马克思主义的传播，能够在新的历史起点和历史经验基础上考虑国家发展的资本主义或者社会主义方向。这就是说，五四运动后，或者说中国共产党成立后，中国人考虑国家发展的社会主义方向，已经成为历史的趋势。

这就是马克思主义在中国的发展的历史的必然性。这个历史必然性不是凭空而来的，是建立在中国半殖民地半封建社会的国情上的，是由于帝国主义侵略造成中国民族资本主义力量弱小，资产阶级政党力量弱小，而无产阶级政党——中国共产党是用马克思主义武装起来，这个政党的理论武装终于掌握了人民大众，掌握了历史发展的大方向。

问题二，一些人认为假设中国当初不走社会主义道路而是能够走资本主义道路，现在或许也会发展得很好。请问，应该如何看待这些历史发展中的假设？

首先必须指出，后人对历史发展过程所做的任意假设，是没有意义的。如果允许这种假设，人类历史的认识将变得毫无意义。举例说，人类是从猿猴变来的，我们可否假设当初猿猴变成的不是人类，而是别的什么动物，那么地球的历史、人类的历史是什么样的呢？这样的假设可以有，但它无助于我们对历史发展的认识，是没有意义的。

其次，以前有人说过，中国如果当上 300 年殖民地，中国早就现代化了。这样的说法，如同梦呓。说者至少是出于对近代中国国情的无知，也是对现代中国国情的无知。

假设中国当初不走社会主义道路而是能够走资本主义道路，假设这样的假设有某种意义，中国是否会发展得更好呢？笔者认为不尽然。这个问题，我们不能从中国发展道路的历史事实中来求证，因为中国未曾经历过这样的道路。我们可以看看世界上类似国家的状况。

我们首先看看日本。日本在 140 年前实行明治维新，走了"脱亚入欧"的发展路线，是继欧美国家后走上资本主义发展道路的国家，也是唯一一个走通了这条道路的国家。但日本是一个靠军国主义，靠战争，靠掠夺发展资本主义的国家。中国和亚洲国家吃它的苦，还需要在这里细数吗？第二次世界大战结束，日本被迫宣布无条件投降。美军占领日本后，如果不是出于冷战需要，扶植日本作为对抗社会主义阵营的基地，日本战后的发展还不知道怎么样呢。

再看印度。印度是我国的西南邻邦。印度早于中国差不多200年成为英国的殖民地，印度的独立时间和中国差不多。印度是一个大国，是按照资本主义方向发展的国家，今天称为金砖国家之一。这60年来，印度的发展状况和人民的富裕程度大家有目共睹。

亚洲的菲律宾，曾是美国的殖民地；缅甸曾是英国的殖民地；印度尼西亚曾是荷兰的殖民地，也曾被日本占领。这些国家都走的是资本主义路线，今天的情况如何，恐怕不需要多加引证了。

拉丁美洲各国，早在19世纪初就进行独立战争，逐渐摆脱殖民地地位，走上资本主义发展道路。那里的经济发展水平是否比中国更好呢？

非洲大陆，长期是欧洲殖民诸国的殖民地，大多数国家直到20世纪中叶民族解放运动中才逐渐摆脱殖民地地位。那些国家大体上走的都是资本主义发展类型的道路。但大多数非洲国家至今还是世界上最不发达的地区。

回顾环球各国，相比较之下，中国走上社会主义道路，对国家的整体发展，对人民生活的改善，对综合国力的提升，对国际地位的提高，是不是更好些呢？如果网友转述的那种假设，是可以设想的话，我们可以想象，走上资本主义道路的中国，在列强的政治压迫和经济压榨之下，在内部的四分五裂下，中国发展的现状比较 1949 年以前，会好多少呢？

问题三，大同理想是中华传统文化中非常重要的一个方面，应该如何理解中华传统文化中的大同理想与社会主义的关系？是否可以认为中国走上社会主义道路与我们的传统文化也有一定的关系？中国封建社会迟迟发展不到资本主义跟传统文化有关系吗？

大同理想可以看作中华传统文化所包含的内容之一，是否是非常重要的一个方面，可以请历史文化学者进一步斟酌研究。中华传统文化内容十分复杂，如何正确地认识它、评价它，实在可以看作一个系统工程。坦率地说，我国的传统文化，有精华的部分，也有糟粕的部分。精华的部分，是维系五千年中华文化的核心部分；糟粕的部分，是拖后腿的部分。中国封建社会迟迟发展不到资本主义，跟这种糟粕恐怕有一定的关联。譬如，我国传统社会的社会结构，长期固定在士农工商这样的层次上，工商处在社会底层，不为人们重视。显然，这与西方社会的重商精神是相背离的。这样的社会结构，对于推动社会经济的发展，可能是不利的。当然，关于中国封建社会长期延续的问题，是非常复杂的学术问题，不是在这里三言两语可能说清楚的。

中国古代的大同理想，主要反映在《礼记·礼运篇》。它是先秦时期中国古人对公平、公正社会的一种乌托邦追求。几千年来，大同理想除了保留在思想家的著述中，还保留在历代农民起义的口号中。近代维新运动的发起者康有为也曾撰写过《大同书》，描述过没有阶级、没有压迫、没有剥削、人人平等、按劳分配的空想社会主义即大同社会，他主张公有制应该成为大同社会的经济基础。在大同社会里，农工商各业，一概归公，个人不置私产。这种大同理想所设想的财产归公，分配公平，社会成员人人都能发挥适当作用，"使老有所终，壮有所用，幼有所长，矜寡孤独废疾者，皆有所养"。这些与社会主义所追求的财产公有、社会福利、分配公平，可能有某种契合的地方。"大道之行，天下为公"的大同理想，就是在社会公平与公正的这一点上与社会主义建立了某种思想联系。中国知识分子和老百姓，对古代的大同理想是耳熟能详的。所以，孙中山在广州讲民生主义，是能够抓住听众的。中国共产党在领导革命的过程中，用社会主义、共产主义理想去教育群众，是能够为群众所理解的。从这个意义上说，中国人对大同理想的追求，在一定意义上，有助于他们接受社会主义的制度。

问题四，中国是通过革命走上社会主义道路，进而走上现代化道路的。请问革命与社会主义以及现代化之间是什么关系？有人认为近代中国如果没有革命也许会发展得更好，应该如何看待这样的观点？

这个问题是学术界常常引起讨论的问题。中国近代史学界认识到，在近代中国历史中，有两个历史发展主题，一个是民族独立问题，一个是国家富强问题即社会经济的现代化问题。解决民族独立问题，就是要进行反帝反封建的民主主义革命。解决国家富强即社会经济的现代化问题，就是要工业化，因为工业化是现代化的核心。在近代中国，只有首先解决国家和民族的独立，才有可能实行工业化和现代化。这是整个中国近代革命史已经证明了的。所以，中国的现代化事业，实际上，是在 1949 年 10 月中华人民共和国成立以后，在中国社会进入社会主义建设时期以后才大规模开始的。

这就是说，在中国，社会主义与现代化几乎是同时进行的。我们是在社会主义社会的环境里，进行现代化事业，我们的现代化，叫作社会主义现代化。社会主义中国经历了差不多 60 年的探索和奋斗，特别是后 30 年的探索和奋斗，我们形成了以社会主义市场经济为名称的经济体制，形成了中国特色的社会主义理论体系。实践证明，这种经济体制，这种理论体系，对中国的发展是有效的。

说到革命和现代化的关系，从理论与实践相结合的角度说，是可以作出合理解释的。一般来说，当旧的社会制度严重阻碍社会生产力的发展，就有可能发生革命，以扫除生产力发展的障碍，推动社会的前进。中国共产党领导的新民主主义革命，就是为了扫除旧的社会制度对生产力前进的障碍，这样的障碍一旦扫除，社会经济就会获得大的发展。17 世纪英国发生的资产阶级革命，产生了英国 18 世纪的工业革命，推动了英国资本主义生产力的大发展；18 世纪的法国大革命，也同样起到了推动法国资本主义经济发展的作用。美国也是在 18 世纪中叶发动了北美独立战争，取得了国家的独立，才使美国的生产力获得解放，而在 19 世纪末以后发展成为世界强权的。中国则是在取得反帝反封建的新民主主义革命的胜利，从而获得国家的独立后，开始了现代化的进程的。

有人认为近代中国如果没有革命也许会发展得更好，这是一种错误的观点。十多年前，有人发表"告别革命"的说法，提出了这种错误观点。这种观点是不能成立的。第一，中国如果没有革命也许会发展得更好，这是一种带有个人价值判断的、具有某种意识形态倾向的假设，因为假设不以任何历史事实为根据，所以假设者提不出任何有益于假设的有价值的证明。换句话说，你用什么材料，用什么历史证据或历史经验证明你的假设呢？这样的历史证据或者历史经验你是找不出来的。如果历史能从头来过一次，也许有可能检验一下你的论点是否有可行性。可惜历史的过程不能回头再经历一次。第二，任何社会的革命都不是人为制造出来的，都是客观环境逼迫出来的。有一句话说，统治阶级不能照旧统治下去，人民大众不能照旧生活下去的时候，革命就可能发生。这时候，革命党举臂一呼，人民就会影从，革命事业就像云卷云舒，大规模地开展起来。如果没有这样的客观环境，任何人、任何政党凭空呼唤革命，是制造不出革命来的。第三，革命是要死人的。革命需要付出血的代价。共产党人就那样愿意付出血的代价，去换得社会的进步吗？恩格斯在讨论能不能用和平办法废除私有制这个问题时说过："共产主义者当然是最不反对这种办法的人。共产主义者很清楚，任何密谋都不但无益，甚至有害。他们很清楚，革命不能故意地、随心所欲地制造，革命在任何地方和任何时候都是完全不以单个政党和整个阶级的意志和领导为转移的各种情况的必然结果。但他们也看到，几乎所有文明国家的无产阶级的发展都受到暴力压制，因而是共产主义者的敌人用尽一切力量引起革命。"[1] 在中国近代历史上，主张"科学救国""实业救国"并且身体力行、做出成绩的人，我们应该如实地加以肯定。就是鼓吹"议会政治"的人，在当时对冲击封建专制制度也是有其积极作用的。但历史事实也证明：在帝国主义和封建势力双重压迫的历史条件下，单靠这些办法是不能解决中国社会前进的根本问题的。"如果这些办法能解决问题，谁还偏要不惜抛头颅、洒热血、做出巨大的自我牺牲去投身革命呢？"第四，近代中国从鸦片战争以后，逐渐形成半殖民地半封建社会，在这样的社会里，统治形态基本上是封建主义的，由于帝国主义不断的侵略，帝国主义国家用战争、不平等条约等多种手段在相当程度上控制了中国的政府，操纵了中国的经济。农村基本的经济形态是地主所有制，可是在国内一些大中城市，开始有了星星点点的现代工厂和生活方式，也有了资本主义的生产、生活方式。在这种政治、经济生活条件下，从晚清政府到民国政府都面临着不能照旧统治下去，人民群众也不能照旧生活下去的局面。在这种社会环境下，革命几乎成为社会生活的常态。这是近代中国的基本历史事实。我们怎能不顾这样的基本事实，而假设如果没有革命会发展得更好些呢？第五，近代中国的政治制度经历了一个

---

① 《马克思恩格斯文集》第一卷，人民出版社 2009 年版，第 684—685 页。

发展的过程，经历了社会改良的过程，只是改良道路走不通，才不得不走革命的道路。换句话说，近代中国社会政治经历了一个试验、探索、失败到形成中国特色社会主义政治制度的历史过程。清朝末年，在国内外的情势压迫下，清廷也曾派五大臣出洋考察政治，最终形成了试行君主立宪制度的基本想法。但是在慈禧太后主持下，不能形成共和制的决策。慈禧和光绪死后，朝廷产生了皇族内阁，内阁成员由皇帝任命。孙中山领导的辛亥革命，成功地推翻了封建专制的政治制度，希望走上资产阶级民主共和政治道路。但是，辛亥革命的胜利成果为清朝末年最后一任内阁总理大臣袁世凯所攫取。民国初年，也想搞政党政治，搞议会制。国民党控制了议会多数，国民党的实际领导人宋教仁真心想走议会道路，却被袁世凯暗杀。袁世凯又以武力镇压了孙中山发动反袁"二次革命"，宣布取消国民党，取缔国民党员的议员资格，从而确立了袁世凯的独裁统治，也在历史上宣布了政党政治的失败，宣布了走议会改良政治的道路走不通。此后，军阀混战，曹锟"贿选"，把议会政治的外衣也撕去了。从此，老百姓对政党政治、议会道路完全失望了。国民党政府在南京成立后，试行"训政"制度，由国民党一党独裁。中国共产党在江西苏区成立苏维埃共和国，试行人民代表大会的民主制度，开始摸索能够体现绝大多数人民意愿的民主制度。

总之，在革命和现代化关系的问题上，还可以说几句话。第一，不能把革命和现代化对立起来。第二，一般来说，革命成功后，现代化是必然趋势。第三，历史上没有一个国家和地区是只搞现代化不搞革命的。

问题五，当前思想理论界泛滥着社会民主主义或者民主社会主义的思潮。这一思潮认为，不是社会主义救中国，而是民主社会主义救中国。应该怎样看待这个问题？

民主社会主义是一个老问题。民主社会主义思潮认定民主社会主义是社会主义的一个流派，它鼓吹指导思想多元化、主张通过民主和议会斗争的方式取得政权，保留资产阶级的生产方式，主张私有制为基础的"混合经济"，反对无产阶级专政，主张和平长入社会主义。这些理论只是资产阶级意识形态的反映，不是科学社会主义的概念。

社会民主主义，或者民主社会主义，曾经是工人运动内的一种修正主义思潮。西方国家社会民主党所信奉的民主社会主义，从制度来说，是资本主义体系的一个组成部分；从思想来说，是资产阶级意识形态的一个变种。总之，社会民主主义，或者民主社会主义，从来都不是马克思主义所主张的科学社会主义；或者说，正是《共产党宣言》所批驳的种种封建的、小资产阶级的、资产阶级的社会主义。对于读过《共产党宣言》，信奉马克思主义，信奉共产主义的人来说，这些都是常识。

在当今形势下，有人以为构建社会主义和谐社会，就是走向民主社会主义。这是对党中央构建社会主义和谐社会理论的歪曲。

社会主义和谐社会，是国家在从社会主义初级阶段走向社会主义更高阶段过程中的努力目标。我们要构建的和谐社会，其性质是社会主义的，它是建设中国特色社会主义的本质要求。社会主义和谐社会理论，是把中国社会的发展导向它的更高级的未来的，是探索中国特色社会主义道路的过程中科学社会主义理论的组成部分，是马克思主义、毛泽东思想在21世纪初中国社会主义建设新形势下的发展。毛泽东同志早在半个世纪前就说过："我们的目标，是想造成一个又有集中又有民主，又有纪律又有自由，又有统一意志、又有个人心情舒畅、生动活泼，那样一种政治局面，以利于社会主义革命和社会主义建设，较易于克服困难，较快地建设我国的现代工业和现代农业，党和国家较为巩固，较为能够经受风险。总题目是正确地处理人民内部的矛盾和正确地处理敌我矛盾。"《共产党宣言》说过，共产主义社会"将是这样一个联合体，在那里，每个人的自由发展是一切人的自由发展的条件"。这实际上就是社会主义和谐社会的理论基础。在毛泽东同志描述的那种政治局面下，从事社会主义建设，社会稳定，人心舒畅，现代化事业就能又好又快地发展，社会主义市场经济体制就能顺利建立和完善，社会主义的经济、物质基础就会越打越牢，向社会主义的更高级的阶段发展就具有了雄厚的物质基础和精神条件。

社会主义和谐社会不是无差别、无矛盾的社会，而是长期化解各种社会矛盾的持续过程。世界是由矛盾组成的。没有矛盾就没有世界。我们的任务，是要正确处理这些矛盾。社会主义社会的矛盾一般来说不是对抗性的，但是处理不好，也可能转化为对抗性矛盾。新中国成立和改革开放都已走过几十年历程，这方面的历史经验，我们已经经历、体会到了。苏联、东欧的教训更是我们亲眼看到的。

在发展中逐步化解社会矛盾，将是一个长期的过程。旧的矛盾化解了，又会产生新的矛盾，又需要加以化解。化解这些矛盾，需要民主，需要法制，需要政治、经济、文化、法律的各种手段和办法，总之，需要运用正确处理人民内部矛盾的各种方法，有的时候，也需要用处理敌我矛盾的方法，来化解这些矛盾，使国家社会生活健康、稳步、平和地发展。在国家统一、国际间斗争问题上，我们需要以和平、和谐相号召，努力在和平、和谐的环境里解决冲突和矛盾，但是千万不能忘记在国际间还有阶级斗争的存在。

在建设社会主义和谐社会的历史过程中，共产党人要把社会主义和谐社会与自己的理想信念结合起来，与共产主义长远目标结合起来。没有共产主义理想信念支撑的社会主义，不是科学的社会主义。马克思、恩格斯说过："共产党人为工人阶级的最近的目的和利益而斗争，但是他们在当前的运动中同时代表运动的未来。"我们为社会主义和谐社会而奋斗，我们的目的是建设共产主义。共产主义是建立在物质产品极为丰富、财富分配极为平等、社会生活极为民主和个人自由得到极大发挥的时代，那是真正和谐的时代，那是共产党人追求的目标。只知道眼前的和谐目标，忘记了共产主义真正和谐社会，是短视的表现。当然，共产主义的真正的和谐社会不是一蹴而就的。建设民主的、法治的、和谐的、现代化的社会主义强国，是走向共产主义的必经之路。可见，把构建社会主义和谐社会看作走向民主社会主义，是不妥的，是一种歪曲。

有人认为，改革开放以来的历史是民主社会主义的历史，认为中国特色的社会主义就是民主社会主义。把改革开放以来的历史说成是民主社会主义的历史，显然是违背历史事实的。

党的十一届三中全会以来的改革开放，不是对中国社会主义事业的否定，而是对长期以来探索中国特色社会主义事业的完善；不是对中国革命事业的否定，而是对中国革命事业的继承和发展；不是对马克思主义、毛泽东思想的否定，而是对马克思主义、毛泽东思想的继承和发展。改革开放之初，我们党就确定了"一个中心、两个基本点"的原则。所谓"一个中心"，是以经济建设为中心，这是发展社会主义生产力的重点与急务；所谓"两个基本点"，一个是坚持改革开放，一个是坚持四项基本原则。"一个中心、两个基本点"的原则规定了发展社会主义生产力是国家建设的中心，发展社会主义生产力既要坚持改革开放，也要坚持四项基本原则。这就是说，在坚持四项基本原则的条件下，进行经济建设，进行改革开放。改革开放的总设计师邓小平同志多次说过，"一个中心、两个基本点"的基本路线要管 100 年。党的十六届六中全会重申"坚持党的基本路线、基本纲领、基本经验"，也就是坚持"一个中心、两个基本点"的原则。党的十六大以及十六大以来的各次全会，2004 年 3 月十届全国人大第二次会议通过的宪法，以及 2007 年 3 月十届全国人大五次会议通过的《物权法》，都明确规定了坚持公有制为主体、多种所有制经济共同发展的基本经济制度，规定了毫不动摇地巩固和发展公有制经济，毫不动摇地鼓励、支持和引导非公有制经济发展。宪法第六条规定中华人民共和国的社会主义经济制度的基础是生产资料的社会主义公有制，即全民所有制和劳动群众集体所有制。社会主义公有制消灭人剥削人的制度，实行各尽所能、按劳分配的原则。宪法和法律的这些规定就是科学社会主义理论和基本原则的贯彻和实施，它是与所谓民主社会主义沾不上边的。我们在经济领域实行社会主义市场经济，是引进市场经济体制作为经济运作的手段，而且这种手段要受到社会主义原则的节制，所以称之为社会主义市场经济。那些强调民主社会主义的人忘记了社会主义的原则，把市场经济无限扩大化，显然是违背改革开放以来我们党的基本路线、基本纲领和基本经验的，也是违背我们的宪法原则的。从另一个角度说，社会主义市场经济理论，还需要从广泛的社会实践经验中加以总结和理论的升华。笔者认为，总结百多年社会主义经济发展的历史，我们今天应该认识到，社会主义市场经济，是在社会主义国有经济为基础的前提下，在国家宏观的、计划的经济思想指导下，与资本主义市场经济的运用手段恰当结合后，所形成的经济运作体制。不顾社会主义计划经济思想的指导，只强调市场经济的运用，只强调看不见的手的作用，忽视国家计划对市场经济的制约作用，我们的经济体制将难以与资本主义经济相区别。正确认识社会主义市场经济，是正确认识中国特色社会主义理论体系的重要一环。

我们讲"三个代表"，讲科学发展观，是党的基本路线、基本纲领和基本经验的发展和创新，不是脱离党的基本路线、基本纲领和基本经验去讲"三个代表"，讲科学发展观。也就是说，我们是在"一个中心、两个基本点"的前提下讲"三个代表"，讲科学发展观。脱离了党的基本路线、基本纲领和基本经验，脱离了"一个中心、两个基本点"，脱离了必须坚持的四项基本原则，讲"三个代表"，讲科学发展观，就可能变成修正主义，就可能变成民主社会主义，就可能变成资产阶级自由化。实际上，今天所谓民主社会主义，就是现实状况下的资产阶级自由化。邓小平同志在改革开放的关键时刻，多次强调反对自由化的重要性。他说过："在实现四个现代化的整个过程中，至少在本世纪剩下的十几年里，再加上下个世纪的头五十年，都存在反对资产阶级自由化的问题。"① 这个论断是极其重要的。像那些坚持私有化、坚持市场化、坚持议会制的言论，宣传民主社会主义能够救中国的言论，显然就是自由化的言论了。

近代以来中国革命的经验，中国共产党的奋斗历史及其经验，中国共产党领导全国人民建立新中国，是打碎旧的国家机器、武装夺取政权的经验。我们走上社会主义道路，并且探索有中国特色社会主义的历史经验，首先是建立社会主义的物质基础，这个物质基础就是社会主义的公有制。改革开放几十年来，经济体制有了重大变化，强调了两个毫不动摇，即毫不动摇地巩固和发展公有制经济，毫不动摇地鼓励、支持和引导非公有制经济发展。鼓励、支持和引导非公有制经济发展，是我们改革开放的历史经

---

① 《邓小平文选》第三卷，人民出版社1993年版，第211页。

验，是发展社会主义生产力所必需的手段。但是，两个毫不动摇，首先是坚持了公有制作为主体地位的历史经验，这是我们走上社会主义道路的基本经验。近代中国革命的经验，中国共产党的革命经验，中国选择社会主义道路并且探索有中国特色社会主义的经验，我们建设全面小康社会的经验，证明我们的国家、我们的社会没有民主社会主义的经济基础，也没有民主社会主义的思想基础。我们的经验一再证明了这个真理：只有社会主义能够救中国，而不是所谓民主社会主义救中国。如果中国走上民主社会主义轨道，中国就会脱离社会主义道路，中国就会融入资本主义的怀抱。融入资本主义的怀抱，对中国人民只是灾难，不是幸福，这是可以预言的。

中国近代史和中国现代史的分期问题 *

关于中国近代史的分期，准确地说是关于中国近代史和中国现代史的分期，是确定中国近代史学科对象的重要问题。换言之，究竟是以 1919 年作为中国近代史和中国现代史的分界线，还是以 1949 年作为中国近代史和中国现代史的分界线？数十年来，这一直是一个争论不休的问题。

一

1949 年 10 月新中国成立以前，研究中国近代史的学者对于中国近代史、中国现代史没有明确区分，也就是说没有形成有关中国近代史和中国现代史的明确概念。那时候的学者基本上认为中国近代史、中国现代史是同一个含义。这种状况明显地说明了

* 本文原载于《人民日报》2009 年 11 月 20 日第 7 版。

那时候中国近代史还没有形成独立的学科。

新中国成立以后，胡绳1954年在《历史研究》创刊号上发表《中国近代历史的分期问题》一文，引起了近代史学者的强烈关注和热烈讨论。1957年，《历史研究》编辑部汇集了3年来学者们的讨论文章予以出版。这次讨论，对于中国近代史学界学习马克思主义基本理论、学习唯物史观、认识近代中国历史的基本线索等问题起到了很大的推动作用。但这次讨论的主题是中国近代历史的分期问题。所谓中国近代史，胡绳的文章非常明确地限定在1840—1919年之间。这一主张在这次讨论中得到了多数学者的认可。从这时开始，中国历史学界出现了中国近代史和中国现代史的明确分界，分界线就是1919年发生的五四运动。此后，学术界往往把自1919年五四运动以后的历史称作中国现代史，而把1919年上溯到1840年鸦片战争的这段历史称作中国近代史。换句话说，是把旧民主主义革命时期的历史称作中国近代史，而把新民主主义革命时期的历史称作中国现代史。

当时学术界虽然有这样的认识，但也有许多学者明确表达过不同意见。范文澜、刘大年、荣孟源、李新、林敦奎等学者提出按照社会性质来划分历史时期。根据这种观点，1840—1949年的中国是半殖民地半封建社会，中国近代史应该包含1840—1949年的整个时期。范文澜是这一主张的最初提出者。他于1947年在华北新华书店出版的《中国近代史》上编第一分册前言和目录，把旧民主主义革命时期和新民主主义革命时期都划作近代中国的历史时期。但是，在20世纪80年代以前，无论是教学、研究或者撰著中国近代历史，都是以 1919 年五四运动为界的。这是那时的时代条件使然。

二

进入改革开放历史新时期，又一次出现了关于中国近代史和中国现代史分期问题的讨论。坚持 1919 年五四运动是中国近代史和中国现代史分界线的学者，主要以旧民主主义革命与新民主主义革命的区别为根据。他们为了突出无产阶级领导的新民主主义革命的重要性，坚持主张中国近代史结束于 1919 年。但是，这种主张忽视了以社会性质作为区别历史分期标志的意见，忽视了在半殖民地半封建社会里，无论是旧民主主义革命还是新民主主义革命都是民主革命的性质，都是反帝反封建，区别只是领导力量的不同、革命前途的不同。因此，主张以半殖民地半封建社会的 1840—1949 年为中国近代史的呼声越来越高涨。中国社会科学院近代史研究所赓续 20 世纪 50 年代的主张，再次明确宣布以 1840—1949 年的中国历史作为近代史研究所的研究对象。李侃、陈旭麓、胡绳、张海鹏等先后发表文章，阐述了对中国近代史和中国现代史分期的认识，并逐步达成共识。

人们可以看到，1998 年以前出版的有关中国近代史的出版物，包括通史类性质的学术著作、教科书以及通俗读物，几乎都以 1919 年五四运动为下限；有关中国现代史的出版物，几乎都以 1919 年为上限。1999 年以来，已经有数种中国近代史著作采用了 1840—1949 年的分期方式。它们是：张海鹏主编的《中国近代史》，1999 年由群众出版社出版，这是为中国警察写的一本简明中国近代史；辽宁大学董守义等编著的《中国近代史教程》上下册，2000 年由中国社会科学出版社出版；山东大学王文泉、刘天路主编的《中国近代史》，2001 年由高等教育出版社出版；张海鹏主编的《中国近代通史》10 卷本，2007 年由江苏人民出版社出版。这里值得一提的是，2007 年《中国近现代史纲要》由高等教育出版社出版。该书是中央马克思主义理论研究和建设工程的重点教材，是全国高等学校本科生必修的思想政治理论课教材，由该书编写组集体编写，首席专家是沙健孙、马敏、张建国、龚书铎、李捷。该书开篇就是："中国的近现代史，是指 1840 年以来中国的历史。其中从 1840 年鸦片战争爆发到 1949 年中华人民共和国成立前夕的历史，是中国的近代史；1949 年中华人民共和国成立以来的历史，是中国的现代史。"这句话非常重要，它标志着中国近代史和中国现代史的分期已经写进了大学教材，成为学术界的共识。当然，我们也不排除在分期问题上还会有不同看法，但应该不会成为主流认识了。

三

目前，虽然近代史学界已基本上统一了对中国近代史和中国现代史分期的认识，但是在近代史学界内外也还存在一些不同认识。比如，2008 年 4 月《光明日报》发表的《三字经》修订版前言，坚持 1919 年是中国现代史开始的传统说法。不久前报载，一本大陆学者编撰的《中国近代史》在台湾地区出版。报道中引用该书作者的话说："关于中国近代史，两岸在许多问题上认识并不一致。如在最基本的历史分期上，台湾学界把从 1840 年到 1949 年的历史作为近代史，而大陆近代史一般断限在 1919 年，1919 年至 1949 年为现代史。"大陆学者编撰的《中国近代史》在台湾地区出版，当然是海峡两岸学术交流中值得关注的好事。但是，报道中关于海峡两岸有关中国近代史的分期（或称断限）的说法则是完全错误的，既不符合台湾学术界的现实，也不符合大陆学术界的现实。从台湾学术界来说，不可能把 1949 年作为近代史的下限。这是常识，不需要多加解释。从大陆学术界来说，把近代史断限在 1919 年，基本上是 1998 年以前的事，1998 年以后一般不作这样的断限。也许该书的作者还是坚持以 1919 年作为中国近代史的断限。

总结一句话：中华人民共和国的成立标志着近代以来中国人受侵略、受欺侮的时代一去不复返了，标志着近代中国半殖民地半封建社会的结束，中国开始进入社会主义现代化建设时期。这就是说，这一事件标志着中国近代史的结束、中国现代史的开端，标志着旧时代的结束、新时代的开始，标志着资本主义发展道路的终结、社会主义发展道路的开端。因此，应该将 1949 年作为中国近代史和中国现代史的分界线。有人主张，中国现代史从 1919 年开始，一直延续下来。这种主张不仅模糊了社会性质的不同，也掩盖了 1949 年这个时间的极端重要性。还有人主张，中国现代史从 1911 年辛亥革命开始。这种主张貌似重视辛亥革命，却忽视了 1949 年中华人民共和国成立较之辛亥革命具有更为重大的历史意义。

明确中国近代史包括了 1840—1949 年的中国历史，是时代前进的结果，是马克思主义理论与中国历史实际相结合的结果，是中国近代史学者运用唯物史观观察全部近代中国历史所得出的正确结论，是中国近代史学科成熟的表现。这是新中国成立 60 年来中国近代史学科取得的重要成就，值得充分肯定。希望这个认识能够为学术界的朋友们所接受。

普及历史知识首先应尊重历史真实 *

　　时下，各种历史讲坛吸引了不少人，历史题材的影视作品收视率往往很高。在此基础上制作的书籍、光盘，发行量也很大。这充分说明了社会大众对获取历史知识的重视程度。我国是一个有着数千年历史文化传承的国家，历史文献浩如烟海，近现代的历史记载更是不可胜数。利用这些历史记载撰写通俗的历史读物或者制作历史题材的影视作品，对社会大众做历史知识的普及工作，实现历史知识的社会化，是很有意义的。这项工作只能抓紧，不能轻忽。但在这一过程中，首先必须把握的一点是尊重历史真实。

人人都需要历史知识

　　谈古论今，知古鉴今，中国人自古就有这种传统，哪怕是底

＊ 本文原载于《人民日报》2011 年 8 月 18 日第 7 版。

层劳动者也不免如此。或许有人会说历史无用，自己不了解历史也照样生活和工作。这显然是一种浅薄之见。其实，人人都需要历史知识，人人也都有一定的历史知识。无论工人还是农民，无论从政还是经商，每个人都有自己的成长史，每个人都可能运用个人的成长史观察自己所在的团体与社会，确定自己的前进道路。这就是历史知识、历史意识在起作用。所以，每一个对社会负有某种责任的人都需要一定的历史知识，没有相关历史知识作支撑是绝对承担不好自己所负责的工作的。无论在日常生活中还是在处理国家公务中，一个人有没有历史知识大不一样，高下判然。不仅个人如此，一个团体、一个政党、一个国家、一个民族也都是离不开历史知识的。

当前，我国已经总体上实现小康，生活逐渐富裕起来的人们不再为每日三餐发愁，往往更注重追求精神上的充实与享受。了解一些历史知识，可以提高一个人的文化素质，是一个人有知识、有阅历的表现；茶余饭后讲点历史故事，也可以获得精神上的愉悦和生活上的充实。当然，许多人了解历史的目的远不止于此，他们还希望通过了解历史，帮助自己在前进时少走弯路，做到知古鉴今。可是，毕竟每个人都成为历史学家是不可能的。即使是一个历史学家，也不可能精通所有历史时段、所有历史领域。从这个角度说，人人都需要接受某些历史知识的熏陶，成为历史知识普及的对象。

在人人都需要历史知识的情况下，历史知识的普及需要面对不同的层次、开展不同的工作。首先一个层次是大中小学的学生。

无论大学、中学还是小学的学生，都应该学习历史知识中最基础的知识，或者说是历史方面的常识，这是素质教育的必然要求。其次一个层次是社会大众。社会大众的组成极其复杂，接受历史知识的能力、爱好与习惯都不相同。这可能与他们不同的文化背景有关，也可能与他们的工作性质有关，还可能与他们的生活境遇有关。粗分起来，除了专业的历史研究和教学人员，其他人群都可归入社会大众之列。但细分起来，专业的历史研究和教学人员只是在他所专长的那部分历史时段或领域是专家，在其他的时段或领域他们可能并不算专家。迄今为止，还没有一个学者敢说他对中国几千年的历史都很精通。因此，从这个意义上说，历史研究和教学人员也可以归入社会大众之列。

普及历史知识时错误倾向危害极大

普及历史知识，形式多种多样：可以是历史教科书、专业的史学论著，可以是普及历史知识的小丛书、历史题材的报告文学甚至是历史小说，可以是各种形式的历史讲座或者论坛，也可以是影视剧或者政论片。但在多种多样的形式中有一点应是共同的，即在处理历史题材、普及历史知识的时候需要尊重历史真实，需要对历史发展的大势抱有畏惧之心，而不能随心所欲地凭自己的喜好去"创造"。历史唯物主义讲究尊重历史真实、尊重历史发展规律。这就要求我们在研究历史、学习历史和普及历史知识时，都既要注意历史的多姿多彩，更要尊重历史真实，重视历史的本质。

　　然而，在近年来普及历史知识的尝试中出现了一些不尊重历史真实的倾向，需要引起我们的注意。今年是辛亥革命100周年，有关辛亥革命的历史再次引起社会的广泛兴趣。为此，有必要再次指出前些年一部以"共和"为名描述辛亥革命的"历史正剧"的错误倾向。这部电视剧在广大观众尤其是青年学生中留下深刻印象，可以算是普及历史知识的有效形式。但这种印象却是颠覆历史教科书的，是对正确历史知识的歪曲。例如，这部"历史正剧"虚构了李鸿章与孙中山对谈的情节，虚构了袁世凯与宋教仁在洹上村饮酒对酌、共议"反正革命"的故事，试图通过这些虚构的情节告诉观众，不论在朝的还是在野的都在谋求中国的出路，都在走向"共和"。这些虚构的情节事实上并不存在，是不符合历史真实的，也是不符合历史本质的，在历史观上是错误的。说它在历史观上错误，绝非夸大其词。我们可以这样认识：在半殖民地半封建的中国，帝国主义的侵略和封建制度所造成的腐败与落后是中国社会难以进步的基本原因。从旧民主主义革命到新民主主义革命，人民群众在先进阶级领导下反对帝国主义侵略、反对封建腐败统治的斗争历程是走向共和的历史，而封建统治者进行的是维护半殖民地半封建秩序、反对共和的历史。这是两种不同性质的历史。近代中国不同的阶级和集团是在寻找不同的出路，而不是一个共同的出路。如果认为不论在朝的还是在野的都在为中国找出路，并且认为所有的人都在寻找一个"共和"的出路，那是违反历史真实、违反历史本质的。这部"历史正剧"错误地引导了观众，引起观众历史知识的错乱，起到了不好的作用。这样来普及历史知识是很可惜的，也是要不得的。

还有一部力求普及世界近代史知识的电视片，用意甚好。但是这部电视片的策划人在报纸上发表文章，以英国1688年"光荣革命"为例，大讲英国资产阶级革命是和平的、是妥协的。那篇文章说，中国人只知道斗争，不知道妥协。如果国人看了这部电视片，懂得了什么叫妥协，那就谢天谢地了。用这样的历史观指导电视片的制作，很容易把电视片引向歪路，给观众普及的是错误的历史知识。事实上，英国人不是只讲和平、妥协，英国资产阶级革命过程中首先出现的是阶级斗争，是国王被杀头。和平是斗争的结果。中国人只讲斗争、不讲妥协吗？完全不符合历史真实。仅以平津战役为例，解放天津是斗争方式，解放北平就是和平方式。和平也是斗争的结果。可见，说英国只有妥协，说中国只有斗争，都不符合历史真实。

把尊重历史真实作为普及历史知识的生命

之所以列举两个电视片来反思当前历史知识普及工作中的不良倾向，是因为电视的传播力较强。尤其是一些历史正剧当下正成为社会大众认识历史的重要手段，其倾向是否正确事关重大。

所谓历史正剧，应是以严肃的重大的历史题材为内容的剧本。作为剧本，它可以在某些故事情节上进行创作，讲究剧情安排。但是，由于事涉严肃的重大的历史题材，其情节的创作应以历史事实为依据，不能违背历史的真实与本质，更不能撇开已有的历史事实另行创作。历史正剧既要以生动的情节来演绎历史，使观众享受精神上的愉悦；又要表达严肃的历史观点，使观众得到正确的历史知识。而且，精神上的愉悦本身就应该包括接受正确历史知识的熏陶，从而树立正确的人生观、历史观，而不是单纯的感官刺激、娱乐消遣。总之，任何以历史为题材的创作包括"戏说"作品在内，既然历史人物是真实的、时代是真实的，就应该尊重大的历史背景，引导受众正确地认识历史，对广大受众担负一定的教化作用。否则，就会与普及历史知识的目的背道而驰，对社会产生副作用。

普及历史知识，推进历史知识社会化，是很重要、很严肃的工作。不仅历史正剧首先要想到表现历史题材时不能改变历史真实，其他一切形式的历史知识普及工作也要首先考虑如何尊重历史真实。出于普及的目的，我们可以合理改编，但不可以随意改变。只有做到这一点，历史知识普及工作才对今人有教育作用、有启示作用、有借鉴作用、有鼓舞作用。历史真实既是历史研究的生命，也是普及历史知识、推进历史知识社会化的生命，万不可玩忽大意。

人民公仆观念之百年嬗变 *

　　百年前的辛亥革命，进行了许多可歌可泣的斗争，也留下了许多令人扼腕的故事。推翻君主专制、建立共和制度、颁布《临时约法》等，人们说过很多；为了取得辛亥革命的成功，许多志士仁人前仆后继、勇于牺牲，如秋瑾、林觉民、方声洞等，人们也记得很多。有一件事，人们却很少谈到、很少记得，就是辛亥革命中孙中山提出了人民公仆观念。

　　孙中山就任临时大总统，自称人民公仆，从而确认以人民为本位。这对于中国阶级社会以来的官场政治，是一大革命。1911年12月29日，孙中山为感谢各省代表选举他为临时大总统，在致各省都督电中称"今日代表选举，乃认文为公仆"。把大总统等同于人民的公仆，体现了人民至上的价值观。孙中山曾以大总统名义发布通令，要求所有政府官员"皆系为民服务，官规具在，

＊ 本文原载于《人民日报》2013 年 12 月 1 日第 5 版。

莫不负应尽之责任，而无特别之利益"。他还在《建国方略》中说过："国中之百官，上而总统，下而巡差，皆人民之公仆。"有一位年逾80岁的盐商来南京，想一睹孙中山的风采。孙中山接待了这位老者，并对他说："总统在职一天，就是国民的公仆，是为全国人民服务的。"老者问："总统离职以后呢？"孙中山答道："总统离职以后，又回到人民的队伍里去，和老百姓一样。"孙中山的回答使这位老者感到他见到了民主的风采。孙中山以总统之尊接待一位普通盐商，体现了一种伟大的公仆精神。这也是孙中山、辛亥革命留给后人的宝贵政治和精神遗产。孙中山自己从政更是以身作则、廉洁自持，始终保持着人民公仆形象。

在封建社会，当官做老爷是社会生活的常态，官老爷高高在上，老百姓匍匐在社会的底层。皇帝以下的官员，县老爷是最低级别的行政官员，但也是父母官，县里的老百姓都是其子民。县老爷又是所谓牧民之官。何谓牧民？就是把老百姓当作牲口来放牧。老百姓见了县老爷就要磕头，自称草民。下级见了上级也要磕头，所有官员见了皇帝都要匍匐称臣。2000多年来，这几乎是一成不变的。辛亥革命把这个老规矩革掉了。孙中山为了落实人民公仆观念，以临时大总统名义颁布命令，废除老爷称呼，废除磕头礼节；强调人民一律平等，人民是主人，官员是人民的公仆。这种转变与推翻君主专制、建立共和制度是同等重要的，同样带来了思想的大解放，同样具有极大的纪念意义。官员是人民的公仆，应该带来政治生活、政治制度的变革。令人扼腕的是，孙中山的临时大总统只做了三个月。袁世凯上台后，人民公仆之说不再被人提起，做官依旧，当老爷依旧，人民依然处在社会的底层。

官员是人民公仆，在中国共产党人这里变为现实。中国共产党人来自人民，共产党的官是为人民服务的。1944 年 9 月，毛泽东同志在追悼中央警卫团一名普通共产党员的会上说："我们的共产党和共产党所领导的八路军、新四军，是革命的队伍。我们这个队伍完全是为着解放人民的，是彻底地为人民的利益工作的。"这篇题为《为人民服务》的著名演讲，鲜明地指出了中国共产党为人民服务的根本宗旨。中国共产党执政以后，一贯强调各级党政干部都是人民公仆、是人民勤务员，执政的目的是为人民服务。不过，今天仍有个别党政干部以官老爷自居，不以人民为本位，不在为人民服务上下功夫，为政不廉，贪污腐败，不仅玷污了共产党人为人民服务和为共产主义奋斗的理想信念，也与孙中山百年前就提出的人民公仆观念格格不入。

毛泽东同志说过："人民，只有人民，才是创造世界历史的动力。"回顾百年中国历程，领导干部应始终牢记"人民公仆"四个字。

为中华民族走向复兴点赞 *
——庆祝中华人民共和国成立 65 周年

1949 年 10 月 1 日，毛泽东同志在天安门城楼上宣布中华人民共和国中央人民政府成立。中华人民共和国的成立，是一个令无数中国人极为兴奋的翻天覆地的大事件。经过 65 年沧桑巨变，人们看得更加清楚，中华人民共和国的成立开启了实现中华民族伟大复兴中国梦的新征程，是一个永远值得中国人庆祝和纪念的大事件。

近代中国：为中华民族伟大复兴而艰辛奋斗

回首 1840 年以来的中国近代历史，我们对中华儿女为实现中华民族伟大复兴中国梦而进行的艰苦卓绝的奋斗感慨万千。

＊ 本文原载于《人民日报》2014 年 9 月 29 日第 7 版。

1840 年，资本主义强国英国借口通商，使用鸦片和大炮把一场侵略战争强加于中国头上。清朝的中国，度过了康雍乾时期后，封建王朝体制走上了下坡路，闭关锁国、自居天下、武备不兴，对欧洲史无前例的工业革命和资本主义生产方式大发展毫无察觉，也完全没有准备与外国打仗。在这场不期而遇的鸦片战争中，清王朝被逼签下城下之盟。此后，欧美列强一再前来试剑，清王朝一再被逼签订不平等条约，中国逐步从封建社会变成了半殖民地半封建社会。中国的沉沦到八国联军侵略前后到了谷底。

今年是甲午战争 120 周年，又是第一次世界大战爆发 100 周年。今年还是日本侵略者发动卢沟桥事变 77 周年，又是 1944 年日本发动侵略中国最疯狂的战役——豫湘桂战役 70 周年，明年就是世界反法西斯战争和中国人民抗日战争胜利 70 周年。回顾这几个历史节点，看看中华民族在历史前进的道路上是如何艰辛、为实现中华民族伟大复兴的奋斗是如何不易，可以给今天的人们敲响警钟。

中国在甲午战争中失败，是一个惨痛的历史教训。此前，中国是败于欧美列强，甲午战争则是败于后起的资本主义国家东邻日本。从中国自身来总结，我们只能得出这样一个结论：中国当时无论在生产力发展上还是在政治制度上，确实落后了。落后就国力不强，不可能搞好国防建设、扎好国家篱笆、做好战争准备。面对外来侵略，中国只能左遮右挡、穷于应付，最后不得不以割地赔款来息事宁人，甚至面对列强瓜分、面对列强在紫禁城大门口驻军，也无可奈何。

甲午战争失败给中国世纪性的打击，也促使中国世纪性的觉醒。1894 年 11 月，正是平壤战败和黄海海战战败后，中国革命的先行者孙中山在美国夏威夷成立兴中会，提出推翻清朝的主张，在中国近代史上第一次发出了"振兴中华"的号召。康有为领导的戊戌变法也从反对签订《马关条约》开始。严复在天津的报纸上发表《救亡决论》文章，第一次发出"救亡"呐喊。从此，"救亡"成为所有爱国者的口号。革命和维新两股力量成为甲午战争以后推动中国变革的主要力量。这可以说是中国旧民主主义革命的真正开端，也是中华民族复兴愿望的最早呐喊。

中华民族的世纪性觉醒还表现在开始有意识地向西方学习。甲午战争以前，中国人对东邻日本是瞧不起的。但由于甲午战败的刺激，1896 年，第一批 13 名留学生去了日本。1905 年，日本战胜俄国，中国知识分子深感意外，这一年涌到日本的中国留学生一下子达到 8000—10000 人。这些年轻的留学生放下身段，要去看看日本是怎样自强的，日本是怎样学习西方的，中国可以从中学到些什么。马克思主义理论最初也是留日学生带回中国的。在学习中，中国的先进分子开始形成复兴中华民族的强烈愿望。在这种强烈愿望推动下，辛亥革命爆发了，清王朝的统治被推翻了，中华民国成立了。

1914 年第一次世界大战爆发的时候，中国正处于北洋军阀统治的民国初期。日本趁甲午战胜和八国联军之役，再次掀起侵略中国的高潮。1915 年 1 月，日本向中国提出全面控制中国的"二十一条"，迫使袁世凯政府签订所谓《民四条约》。同时，又借口对德宣战，出兵山东，占领济南和胶济铁路、青岛。中国也是对德宣战国，试图收回德国在山东的势力范围和以青岛为中心的胶州湾租借地。但是，弱国无外交。一战结束后，在巴黎和会上中国要求收回青岛的呼声不被采纳，帝国主义列强却支持日本占领青岛。这是引起1919年五四运动的主要原因。中国人发出了"强权战胜公理"的愤懑之声，"外争国权，内惩国贼""收回青岛"成为当年中国人反抗强权的主要口号。正是在这种强大的反帝声势下，中国外交代表顾维钧拒绝在巴黎和约上签字。这是中国人第一次对帝国主义强盗逻辑在国际场合表达否定的意志。

今年是卢沟桥事变77周年。1937年7月7日，日本军国主义发动卢沟桥事变，开始全面侵略中国。日本人一开始就狂妄叫嚣"三个月内灭亡中国"，虽然未能得逞，但很快就占领中国首都南京，并在南京制造了惨绝人寰的大屠杀，30万生灵惨遭杀戮。这是世界近代战争史上罕见的暴行！但是，中华民族没有被强敌吓倒，中国人民抗击强敌的意志空前坚定起来。这是日本帝国主义没有估计到的。在中国共产党推动下，国共两党和其他党派、政治势力组成抗日民族统一战线，发动并坚持了全民族的抗日战争。

1944年，日本在中国发动所谓"一号作战"，又称豫湘桂战役，企图打通中国大陆交通线。这是日本在中国战场上发动的最后一次大规模攻势作战，由于战线过长，战略目的未能达到。豫湘桂战役虽然拖住了日本，耗尽了它的军力，但也暴露了国民党正面战场的软弱。国民党军队数十万人几个月内大溃败，丢掉100多座城市，20多万平方公里国土沦陷。1944年，德日法西斯失败的命运已经不可挽回，世界反法西斯联盟胜利的趋势已经非常明显。在这种形势下出现豫湘桂战役大溃败，给中国大后方人民造成了强大心理冲击，人民对国民政府的信任降到最低点，大后方知识分子、工商界人士的态度明显倾向中国共产党一边。这是中国共产党在抗战胜利后短短数年间取得全国胜利的重要民意基础。

在这场艰苦无比的抗日战争中，中国国民党领导的正面战场，中国共产党领导的敌后战场，在抗日的大目标下进行了有力的战略大配合，把中华民族神圣的抗战坚持到了最后，在世界反法西斯联盟的支持下，终于在1945年取得了最后胜利。抗日战争是近代以来中国反抗外敌入侵第一次取得完全胜利的民族解放战争。至此，经过百年的艰辛奋斗，在经历世所罕见的民族屈辱和苦难后，中华民族终于迎来了走向复兴的历史转折点。

现代中国：走上中华民族伟大复兴康庄大道

抗日战争胜利后，走什么道路的问题摆在了中国面前。是走国民党主张的资本主义道路，还是走共产党主张的社会主义道路？历史需要作出选择，历史也作出了选择。中国为什么要走社会主义道路而不走资本主义道路？答案很简单：这是近代中国历史发展的必然结果。

中国共产党1921年成立后，逐渐主导了中国革命的方向。以毛泽东同志为代表的中国共产党人对中国的前进方向作了明确阐述：中国反帝反封建的资产阶级民主主义革命必须由无产阶级领导，中国革命的前途是社会主义和共产主义。为了走向社会主义，第一步是实行新民主主义，第二步是实行社会主义。抗战胜利后，国民党政府悍然发动以消灭中国共产党为目的的内战，完全失去人心，落得彻底失败。这个结局使中国共产党成为推动中国社会前进的主导力量。这就决定了中华人民共和国的成立以及走上社会主义道路的历史必然性。对于这一重大历史事件，当时的绝大多数中国人是衷心拥护、欢欣鼓舞的。

65年来，中国在社会主义道路上没有停止前进的步伐。新中国成立初期，面对政权巩固严峻考验，面对国民经济恢复难题，面对抗美援朝复杂形势，我国还是实施了第一个五年计划，启动了156个大型建设项目，其投入超过旧中国自洋务运动以来的所有国家投入，不仅初步奠定了社会主义中国的工业化基础，也标志着大规模现代化建设的真正开端。

走社会主义道路要靠制度来保证。新中国成立初期，社会主义经济制度主要是借鉴苏联，实行计划经济和国有制。在借鉴过程中，毛泽东同志等领导人结合中国实际提出了自己的主张。毛泽东同志的《关于正确处理人民内部矛盾的问题》和《论十大关系》，是探索中国式社会主义道路的经验总结，反映了那个时期我们党在中国实践社会主义的理论思考。探索中也犯过错误，交过学费。正反两方面的经验，都加深了党和人民对中国走社会主义道路的认识，坚定了继续在社会主义道路上前进的信心。

社会主义政治制度是保证走社会主义道路的基础。1954年，第一届全国人民代表大会通过的《中华人民共和国宪法》，从宏观层面确定了中国社会主义政治制度的大方向。人民代表大会制度本质上不同于西方的议会制度，体现了前所未有的人民民主。工人、农民出身的代表与国家领导人一起讨论国家大事，这在中外历史上不曾有过先例。在中国共产党领导的多党合作和政治协商制度下，各党派和无党派人士等就国家事务进行政治协商。这两种政治制度设计，真正把民主贯彻到国家政治生活的各个方面。改革开放前，国家政治生活中也出现过一些失误，主要是阶级斗争扩大化，甚至出现了"文化大革命"那样的错误。这些经验与教训，使我们进一步深刻认识到社会主义时期政治体制改革的必要性。

改革开放后30多年，中国继续在社会主义道路上大踏步前进。这个时期我们党对什么是社会主义、怎样建设社会主义问题的认识有了实质性进步，进步的主要标志是提出了中国特色社会主义概念。这个概念是对中国现阶段实行的社会主义性质的准确判断，既坚持了科学社会主义的基本原则，又结合了中国的具体实际。提出中国特色社会主义这一概念的理论前提是，中国的社会主义尚处在社会主义初级阶段。这是中国在社会主义道路探索中十分关键的实践总结和理论升华，是对科学社会主义理论的重要贡献。在这样一个实践总结和理论升华指导下，才有了"一个中心、两个基本点",才有了"发展是硬道理",才有了公有制为主体、多种所有制经济共同发展,才有了社会主义市场经济的理论和实践,等等。在此基础上,我国经济建设取得了举世瞩目的成就。

改革开放后,政治体制改革与经济体制改革是同时进行的。在指导思想上结束以阶级斗争为纲,是政治体制改革得以启动的前提。政治体制改革是要巩固党的领导,而不是削弱党的领导;是要加强人民代表大会制度,而不是削弱这个制度;是要更好发挥人民政协的作用,而不是削弱这个作用。中国这么大,相当于整个欧洲,而且人口比欧洲多得多,政治体制改革必须既积极又稳妥,更好发挥全体人民坚持和发展中国特色社会主义的积极性、主动性、创造性。这些年,我国政治体制改革取得了积极成果。比如,人民政协的协商民主走上科学轨道,各民主党派、各人民团体、无党派人士等和中国共产党共商国是,共同担起国家发展、社会进步的责任。在当代中国,执政党与参政党的关系,不是一党在台上、一党在台下的朝野关系,不是一党执政、一党痛骂的水火关系,而是共担责任的关系,是共同对历史负责的关系,是生死与共的关系。

在中华民族伟大复兴的康庄大道上,我国不但在经济建设、政治建设上取得了伟大成就,而且在其他各个领域都取得了伟大成就,这一点是毋庸置疑的。为了使中华民族在复兴的大道上走得更顺、更稳,党和国家高度重视发展中出现的各种问题。目前,在党内提出坚决反对"四风",就是为了解决党风问题,解决贪污腐败问题，解决是当官做老爷还是全心全意为人民服务问题；在全社会提出培育和弘扬社会主义核心价值观，就是为了解决理想信念问题，解决义利失衡问题，解决诚信缺失、道德滑坡问题。可以说，我们在民族复兴过程中需要解决的问题还有很多，我们不应避讳这些问题。65年来，我们已经克服了前进道路上一个又一个困难，相信在党中央的坚强领导下，在实现中华民族伟大复兴最大愿景的激励下，前进中的难题一定会一个个地破解。

未来中国：为世界作出更大贡献

党的十八大闭幕后，习近平总书记与中央政治局常委集体参观国家博物馆《复兴之路》展览时指出："现在，我们比历史上任何时期都更接近中华民族伟大复兴的目标，比历史上任何时期都更有信心、有能力实现这个目标。"这清晰表达了我们党对实现中华民族伟大复兴目标的期待，反映了我们党对实现这一伟大目标的信心。

关于中华民族伟大复兴的目标，习近平总书记指出："新中国成立60多年来特别是改革开放30多年来，中国走出了一条成功的发展道路，取得了举世瞩目的发展成就。中国对未来发展作出了战略部署，明确了奋斗目标，即到2020年实现国内生产总值和城乡居民人均收入比2010年翻一番，全面建成小康社会；到本世纪中叶建成富强民主文明和谐的社会主义现代化国家，实现中华民族伟大复兴。这是中华民族和中国人民的百年夙愿，也是中国为人类作出更大贡献的必要条件。"这也就是我们党提出的"两个一百年"奋斗目标。实现这个目标和中华民族伟大复兴中国梦，是中华人民共和国成立 65 年来党和人民的不懈追求。

看看新中国成立 65 年后的今天，我们的确离中华民族伟大复兴的目标越来越近了。2013 年，我国国内生产总值达到 57 万亿元，已经稳居世界第二，仅次于美国。1949 年，我国国内生产总值只有 466 亿元，这个数字比不上今天一天的产值。1980 年，我国国内生产总值只相当于美国的 1/9。而根据国际著名经济组织的估计，到 2030 年，我国经济总量超过美国是没有悬念的。经济总量超过美国成为世界第一，是中华民族复兴的一个重要标志。到那时，我国在世界上的经济地位将大体上达到或超过历史上号称繁盛的汉唐时期和鸦片战争前的康雍乾时期。这对于 13 亿多中国人来说，无疑是 5000 多年历史上最好的时期。

在新中国成立 65 周年之际，我们可以有把握地说，中华民族伟大复兴圆梦的时间越来越近了。能如此接近中华民族伟大复兴目标，是在中国共产党领导下、在全国各族人民努力下，通过走中国特色社会主义道路实现的，彰显的是马克思主义的真理性、社会主义的优越性。这是中国共产党人对于拥有 5000 年历史的中国所作出的一大突出贡献，将永远彪炳史册。今天，对于中国道路、中国模式、中国崛起、中国力量等，不仅中国人在广泛谈论，国际社会也是津津乐道。面对未来，我们更应坚定中国特色社会主义道路自信、理论自信、制度自信。

回望近代中华民族的屈辱历史，展望未来"两个一百年"时刻的光明前景，作为这个国家的一分子，我们应该对新中国成立65年来取得的伟大成就深感欣慰，对未来的发展前景满怀期待。我们相信，中国人为世界作出更大贡献的时代到来了。我们每一个人都应为此点赞、为此努力！

为什么说共产党是抗战中流砥柱 *

近年来，有些所谓网络"国粉"片面夸大蒋介石、国民党政府的作用，似乎只有国民党政府领导了抗战。有的博文认为"蒋介石在抗战中的地位无人可以替代"，"纵观中国近现代史，蒋介石才是真正的民族英雄"。有人甚至攻击共产党是中流砥柱的论断，认为只有国民党是抗日的。这种认识是不客观的，是不能反映抗战历史真相的，是对历史不负责任的。

推动建立并坚持抗日民族统一战线是共产党中流砥柱作用的有力证明

抗日战争是一场伟大的民族解放战争，是近代中国唯一一场胜利了的对外战争，是近代中国历史从"低谷"走向"上升"的

＊ 本文原载于《北京日报》2015 年 6 月 8 日。

标志，是中华民族走向复兴的枢纽。抗日战争的胜利是在民族统一战线的共同认识下实现的。离开了抗日民族统一战线，抗日战争的胜利是难以想象的。抗日民族统一战线是中国共产党全力推动的。由于民族大义当前，这个主张得到了全国民众和各政治团体的支持，也得到了执政的中国国民党的支持。在抗日民族统一战线旗帜下，实际上存在两个领导中心，国民党是一个领导中心，共产党也是一个领导中心。少了一个，抗日战争获得胜利是不可能的。

1931 年，日本发动九一八事变，一个月占领我东北全境。全国人民抗日热情高涨，政府仍然采取不抵抗政策，加紧"围剿"江西苏区。日军继续挑战长城内外，侵略军进驻北平西南郊的丰台，中华民族面临空前的民族危机。1935 年 8 月 1 日，红军还在长征途中，中共发表《八一宣言》，主张组成抗日民族统一战线，抵御日本帝国主义的侵略。从此，抗日民族统一战线成为共产党的基本主张，推动民族的团结和国家的进步。蒋介石置全国人民抗日热情于不顾，命令张学良的东北军和杨虎城的第十七路军继续"围剿"刚到西北不久的共产党和红军，并且到西安督战，这不仅激起了西北人民的抗议，也激起了东北军和第十七路军将士的民族大义，这导致后来张杨发动事变，扣押蒋介石，要求蒋介石停止内战，一致抗日。共产党出于民族大义，不顾血海深仇，和平处理了西安事变。1937 年七七事变后十天，蒋介石在庐山发表谈话："如果战端一开，那就是地无分南北，年无分老幼，无论何人，皆有守土抗战之责任"，表示了抵抗日本侵略的决心。经过国共两党谈判，国民党在 9 月 22 日正式发表了《中共中央为公布国共合作宣言》的文件，蒋介石随之发表《对中国共产党宣言的谈话》，事实上承认了中国共产党的合法地位，确立了国共合作组成抗日民族统一战线的方针。抗日民族统一战线是确保抗战胜利的根本方针。推动建立抗日民族统一战线，始终坚持抗日民族统一战线，共产党是主动积极的，国民党是被动接受的。从这个角度说，共产党是抗日战争中的中流砥柱，难道没有道理吗？

敌后战场的存在是共产党中流砥柱作用的又一证明

抗日战争，是靠两个战场来支持的，是靠两个战场的配合取得胜利的。这就是正面战场和敌后战场。两个战场做战略配合，共同抵抗日本侵略。无论少了哪一个战场，民族战争取得最后胜利都是不可想象的。国民党掌握了政府，它有几百万军队，可以调动全国资源和人力。正面抵抗日军的进攻，当然非它莫属。1938 年 10 月武汉失守以前，正面战场的形势还是好的。

武汉失守以后，正面战场的形势就不那么好了，国民党政府还有求和的表示，日本也有诱降的策略。国民党副总裁汪精卫害怕日本的强大，主张退让，对抗日低调，大敌当前，却从事"和平运动"（对日投降活动），终于在 1938 年 12 月公开响应日本近卫首相对国民政府的诱降声明，走上了背叛国家、投降日本帝国主义的道路，在南京成立伪政府。上百万国民党军队投降日本，成为在中国土地上帮助日本打仗的"伪军"。如果没有敌后战场的存在，中国抗战是支持不下去的。这一点，只需要看到，侵华日军的一半或者一半以上都用来对付八路军、新四军和共产党领导的敌后根据地就可以了解问题所在。

敌后战场是共产党领导的八路军、新四军开进日本军队占领的地方，在敌人的后方建立的战场。共产党没有掌握国家政权，不掌握国家军队，不能调动国家资源和人力。陕甘宁边区等抗日根据地都是很穷的地区，出产也不丰富，人口甚少。共产党领导的军队抗战开始不过几万人，到抗战胜利也不到百万。开头一年多，国民党政府还给八路军、新四军拨付军费，此后就由共产党自己筹措军费了。共产党所领导的军队和根据地，创造性地把游击战上升为抗战战略，拖住了一半以上的侵华日军。在敌人后方，不可能有阵地战，不可能有大部队展开，用游击战方式打击敌人，极为艰苦。在敌人的眼皮底下建立抗日根据地，与暴日相周旋，与西南大后方相比，其艰苦程度是可以想见的。设想，没有敌后战场，没有共产党领导的根据地，侵华日军全部压在国民党政府军队上，国民党政府能够坚持两年以上吗？正是因为八路军、新四军和共产党领导的根据地拖住了半数以上侵华日军，才分散了正面战场的压力，使得正面战场可以从容组织抵抗。说共产党是抗日战争中的中流砥柱，难道不是历史事实吗？

正面战场虽然败仗居多，牺牲惨重，但在阻滞日军迅速灭亡中国的图谋中还是起了重要作用。这方面也应该如实评价。因此，对正面战场作战的军人，我们要肯定他们的功绩，高度评价他们的牺牲精神。但是如果离开了敌后战场对日军的牵制，离开了敌后根据地对日本占领者的骚扰和打击，正面战场坚持的时间是极为有限的。

反过来也一样，只有敌后战场，没有正面战场，抗战坚持到胜利也是完全不可能的。正是两个战场的战略配合，才把日本军队的大部分在中国拖住，使它既不能迅速灭亡中国，也不能把更多兵力投放到太平洋战场，投放到亚洲其他地区。这是中国战场对世界反法西斯战争作出的巨大贡献。

两个战场的战略配合，这就是中国民族解放战争的特点。这个特点，在世界反法西斯战争的东方战场和西方战场，都是唯一的，在亚洲和欧洲，没有哪一个国家有这种情形。法国号称欧洲强国，国家正规军队有 100 多个师，编制师的数目甚至比德国多，但德国攻入法国，不到两个月，法国就投降了。法国未能形成两个战场对德作战，是一个原因。后来戴高乐在英国组织流亡政府，法共在国内组织了抵抗，但是毕竟颓势难挽。

在抗战的整体大局中，国民党、共产党都起着领导作用，不承认其中任何一个中心发挥的领导作用，都不是历史主义的态度

我们要追问：抗日战争究竟是谁领导的呢？一些网上活跃的"国粉"马上会答复：是国民党。这个回答不完全符合历史事实。国民党政府可以领导正面战场，可以领导敌人未占领的大后方地区，却领导不了敌后抗日根据地，也领导不了敌后战场。反过来，共产党领导不了正面战场，领导不了大后方地区。抗日战争的全面领导是通过国民党、共产党两个领导中心来分别实施的。

说国民党是领导中心，是因为它掌握政府。这个政府是民族战争所必需的、国际国内承认的统一政权，它指挥着国家军队，担负着正面战场的作战任务。必须要有蒋介石、国民党参加，才可能利用国家政权的力量推动全国抗战的开展，才可能有全民族的抗战。没有蒋介石、国民党的参加，单凭共产党的力量，在当时的历史条件下也是难以独立支撑全国抗战大局的。抗战后期，蒋介石与国民党政权的国际联系作用也不可忽视，他们代表中国与苏联、美国、英国等，谈判废除《辛丑条约》和治外法权，蒋介石作为中国首脑出席开罗会议，做出了从日本手中收回台湾等地的决定以及参与建立联合国，这些成绩离开了国民党政权也是不行的。我们要尊重这些基本的历史事实。

说共产党发挥了领导作用，是抗日战争中的中流砥柱，是因为它倡导、推动并始终坚持了抗日民族统一战线，使民族战争所必需的国内团结能够维持下来，而且，共产党还指挥八路军、新四军，动员敌后地区的广大人民群众，担负着敌后战场的作战任务。从这些来说，共产党是中国抗日战争的领导中心，是符合历史事实的。

共产党推动国民党抗日，监督国民党抗日，批评国民党在抗日大局上的动摇，都是从民族战争的共同利益出发的。幸好，国民党在共产党和全国人民的监督下没有放弃抗战的旗帜，把抗战坚持了下来，否则抗战前途不堪设想。共产党的这种监督作用，是在抗日民族统一战线的旗帜下进行的，这也是一种领导作用。

没有这种领导作用，抗战往前进行是极为困难的。

客观地说，在抗日战争的整体大局中，国民党、共产党都起着领导作用。这个作用，都是全局性的。不承认其中任何一个中心所发挥的领导作用，都不是实事求是的态度，都不是历史主义的态度。承认国民党的领导中心，没有削弱更没有否定共产党的领导中心的全局性作用。承认共产党领导中心，也没有否认国民党政府领导中心的地位。双方这种都是全局性的领导作用，是通过各自的领导能力来实现的，是在又统一又矛盾的斗争中来实现的，是不能相互取代的。这种情形，是近代中国历史进程所决定的，是 20 世纪 20 年代中国近代历史开始呈上升趋势所决定的。否定任何一方都不符合历史事实。

国共两个领导中心历史地位发生着此消彼长的变化

必须指出：在抗日民族统一战线内部又统一又斗争的过程中，国共力量的消长发生着变化，总的历史趋势是国民党政权的力量由盛转衰、中国共产党领导的人民力量由弱转强，并且历史性地改变了国内政治力量的对比。国民党这个领导中心的作用由大变小，共产党这个领导中心的作用由小变大。抗战初期，国民党这个领导中心的作用稍微大些；抗战中后期，共产党这个领导中心的作用就越来越大了。

最明显的标志至少有两个：一个是 1941 年皖南事变的发生，国民党反共达到高潮，共产党进行了有理有利有节的斗争，高举抗日民族统一战线的大旗，赢得了民心，赢得了民主党派的支持，两个领导中心的政治天平开始倾向共产党一边；再一个是1944年豫湘桂作战的失败，大后方批评重庆国民党政府声浪高涨，重庆、贵阳、昆明的大学教授，工商界知名人士对国民党政府明显失望，两个领导中心的政治天平再一次大幅度偏向中共。共产党领导能力和声望明显上升，国民党政府领导能力和声望明显下降。这是对抗日战争中国民党、共产党的领导地位和作用的切实说明，也是抗战胜利后不久，国民党就垮得那么快，中华人民共和国能够迅速成立，近代中国历史开辟了新纪元的原因。

国民党的传统观点是不承认共产党在抗战中的领导作用，认为共产党"游而不击"，这是不值一驳的。现在一些"国粉"与国民党的传统观点相呼应，全面美化国民党抗战，否认共产党抗战，是历史虚无主义的表现，只要回归历史事实，抗战时期的领导作用是不难搞清楚的。

战时日本人怎样评价国民党和共产党

抗战时期，中国人民的死敌怎样评价国民党和共产党呢？这里举几个战时日本人的例子。

对于中国共产党实行持久战战略方针，日本侵略者极为敌视。曾做过日本首相、身为大将的阿部信行在1940年写道：立足于四川盆地的重庆政府，对于日本来说已不足为虑，但是共产党的力量却延伸到中国400余州，一举手一投足都极为深刻地影响到中国的命运，无论何时都主张对日抗战，阻挡了日本将中国殖民地化的"进路"，因而成了所谓"东亚新秩序"的头号大敌。阿部信行的看法很简单：重庆国民党政府已不足为虑，主张对日抗战的共产党是日本的头号大敌。

1944 年，中华民族的持久抗战历经艰难曲折，已看到胜利的曙光，中共中央及时地发出了积极为战略大反攻做好准备的号召。日本华北方面军参谋部加紧研讨所谓中国形势和"剿共方针"，在研究报告中论及中国抗战历程时，突出提到了"中共以毛泽东名义"提出的持久战"三阶段论"，不得不承认："彼我抗争的经纬与国际战争、政治局面的推移，大体上就是沿着上述阶段过来的"；并且，"中共必然实施大反攻的概率很大"。这也不只是在华北的日军高层的看法。日本情报机构"大东亚省总务局总务课"，在同年编撰的《中共概说》中称，"对于第二次国共合作以后中共迅猛发展的步骤，大有注意的必要"。因此，该机构在这年专门编印了《毛泽东抗战言论选集》，将《论持久战》等五篇毛泽东同志著作全文译出，向日本当局"提供反映国共统一战线、抗日中国动向的宝贵资料"。

《抗日战争研究》1995 年第 2 期发表了原载日本《This is 读卖》杂志三笠宫的文章。三笠宫是昭和天皇的弟弟。1943—1944年，三笠宫亲王化名若杉参谋，广泛考察中国战场以后，对中国派遣军总司令部干部发表了讲话：《作为日本人对中国事变的内心反省》。他在这个讲话中列举日本自甲午战争以后侵略中国的事实，揭露日本军人的残暴行为，说日本对中国是"无所不取，掠夺殆尽",特别指出共产党的军队"对民众的军纪也特别严明,决非日本军队所能企及",在这种情况下,中共若不"猖獗","那将成为世界七大奇迹中的第一大奇迹了吧"。他还说:"在我看来,这样的日本军队,是无法与中共对阵的。"

以上三则例证,都是反映 1940 年后的历史事实,表明日本侵略者高层是怎样评价共产党、怎样评价国民党的,这也从反面说明了共产党是抗战时期一个领导中心,共产党是抗战时期中流砥柱。

九一八事变是日本蓄意制造的
侵华战争开端 *

　　1931 年 9 月，日本发动九一八事变，挑起局部侵华战争，并于 4 个多月的时间里占领中国东北广大地区。九一八事变是日本蓄谋已久的，建立在阴谋策划和军事准备基础之上，史实清晰、证据确凿。然而却有日本右翼分子不时发出噪音杂音，或是把九一八事变歪曲成是日本关东军受中国"排日反日"行动"刺激"发动的，或者宣称事变爆发纯属偶然。这样颠倒黑白、信口雌黄的言论，必须加以驳斥，以正视听，告慰那些为抗战付出鲜血与生命的前辈先烈。

---

* 本文原载于《人民日报》2015 年 8 月 24 日第 9 版。

九一八事变的历史真相

日本自发动甲午战争后，从中国东北获得了巨大的政治、经济和军事利益，已把中国东北视为生命线。东三省保安司令张学良在东北易帜、宣布服从南京国民政府后，积极发展东北经济，并得到英美等列强支持。这引起了日本尤其是军部的恐慌和反对，他们叫嚷：中国开港筑路侵犯了日本"在满蒙的特殊利益"，到下决心"解决满蒙问题"的时候了。为入侵中国东北，日军进行了一系列的策划和准备，其中包括：侦察地形，拟定作战计划；调兵遣将，加紧军事部署；频繁挑衅，制造各种借口；利用万宝山事件和中村事件，狂热煽动侵华战争。

1931年9月18日夜，日本关东军独立守备第二大队第三中队河本末守中尉带领六名士兵，到沈阳北郊东北边防军驻地北大营西南柳条湖，在南满铁路的路轨上埋设炸药，炸毁柳条湖段1.5米路轨。花谷正少尉在事前即向关东军参谋长和陆军相发出电报，诬称中国军队破坏南满铁路，与日军守备队发生冲突。埋伏在附近的日军第三中队长川岛正大尉在爆炸后，即率部向东北军独立第7旅驻地北大营发起进攻。关东军司令长官本庄繁批准了高级参谋板垣征四郎拟定的命令：第29联队进攻沈阳，第二师团增援。

由于张学良忠实贯彻蒋介石的不抵抗政策，一方面解除了东北军的思想武装，另一方面对日本发动军事进攻的战略意图严重误判，当事变发生后又缺乏有力的指挥，导致东北军大多不战自溃。1931 年 9 月 19 日晨，关东军攻占北大营，占领沈阳城，然后向沈阳以北和东南两个方向进攻。至 9 月 25 日，关东军侵占辽宁、吉林两省大部，占领了长春、吉林等 30 余座城市和 12 条铁路。10 月 3 日，关东军以辽、吉两省为基地，开始向黑龙江省省会齐齐哈尔方向进攻。黑龙江省代主席兼代军事总指挥马占山率当地驻军顽强抵抗，展开江桥抗战。激战至 11 月 18 日，伤亡惨重，被迫撤退。日军随即占领齐齐哈尔，并攻占黑龙江省大部。12 月下旬，日军主力两个师团、六个混成旅团兵分三路进犯锦州。1932 年 1 月初，日军夺取锦州。蒋介石下令东北军一部撤至关内。2 月初，哈尔滨失陷。吉林省和黑龙江省政府也不复存在。至此，东北三省的大好河山全部沦陷，3000 万同胞沦入敌手。这就是震惊中外的九一八事变。

日本此举是第一次世界大战后首次以武力重新瓜分世界的重大行动，它开始打破凡尔赛—华盛顿体系所确立的世界秩序，标志着东方战争策源地的正式形成。

侵占中国东北是日本长期谋划的战略目标

历史事实早已证明，说"中国军队破坏了南满铁路的路轨"，是日本政府欺骗国际舆论的彻头彻尾的谎言。一些关东军当事人早已指出，九一八事变是关东军作战主任石原莞尔和高级参谋板垣征四郎等人长期策划的。关东军奉天特务机关少校参谋花谷正已经交代了参与策划九一八事变的详细经过，正是日本关东军若干校级军官阴谋策划了这次事变。

事变发生后，日本当局把九一八事变当作一个"突发"事件，似乎日本军部与政府的看法不同，这些都是骗人的鬼话。制造九一八事变的具体计划，固然是由关东军校级军官策划的，但计划一旦执行，立即得到关东军司令本庄繁的支持。制造柳条湖南满铁路路轨爆炸是一件不大的事件，调动师团兵力进攻沈阳以及东北各省却不是一件小事。如果日本认为制造柳条湖路轨爆炸是错误的，就应该立即惩处肇事人员，而不会发生进攻沈阳和东三省的侵略行动。

国民党政府把遏制日本侵略的希望寄托于英美等列强的出面干涉，幻想依赖国际联盟压迫日本撤兵，与日本达成某种妥协。中国外交部向日本提出三次抗议，并向国联提出申诉。日本发表《关于满洲事变的第一次声明》，诬指"中国军队破坏了南满铁路的路轨"，强称日军"有必要先发制人"。国联理事会通过九项决议：要求中日双方防止事态进一步扩大。日本代表虽在决议案上签字，但日本内阁并没有约束军方。关东军继续炮轰通辽，轰炸锦州。国联并未谴责侵略者。1931 年 10 月初，中国驻国联代表施肇基照会国联秘书长，要求立即召开理事会，采取措施恢复事变前状态，赔偿中国损失。国联理事会未能通过要求日本在限期内撤军完毕的中日问题决议案。日本政府随即发表《关于满洲事变的第二次声明》，再次为其侵略行径辩护。

显然，九一八事变已经造成中日之间严重外交交涉，造成国际间安全的严重危机。国联开了会议，要求不扩大事态，日本拒不理睬，照样扩大侵略行为。日本政府声明一再诬陷中国士兵。事实上，事变的设计者事先已经估计到国际反应。正如 1927 年关东军在皇姑屯炸死张作霖并未引起国际反应一样，他们认为制造柳条湖爆炸也不会引起强烈的国际反应。事变后，日本政府一再在国际上为自己的行为辩护。这不是充分证明，日本政府是九一八事变造成的扩大侵华全部结果的幕后指挥吗？

日本军部和政府一再容允、追认、支持日本军人在中国的侵略行为说明，制造九一八事变完全符合日本政府的战略需要。可以说，占领中国东北是日本政府长期谋划的战略目标。以"开拓万里波涛，布国威于四方"为宗旨的明治天皇，早就把朝鲜、中国作为他"开拓"的对象。1895 年甲午战争的胜利使日本开始接近这一目标，1905 年日俄战争的胜利，使日本在中国东北的南部有了一块基地。大陆扩张主义者田中义一在 1913 年考察东北以后，在《滞满所感》一书中宣称："我们认为大陆扩展乃日本民族生存的首要条件""利用中国资源是日本富强的唯一方法""日本政府必须确定经营满蒙的大方针"。1927 年，田中义一主持了日本东方会议，正式形成了大陆政策，明确将"满蒙"与"中国本土"相分离的方针，制定对中国事务实行武力干涉的政策。这就从国策上把占领中国东北确立为日本的战略目标。战略目标确定后，至于如何实施、何时实施、何人实施，就纯粹是一个战术问题了。九一八事变的策划者们认为，1931 年 9 月实施战略目标是一个恰当的时机。尽管军部和政府似乎在推卸责任，似乎柳条湖爆炸行为不是政府计划下的产物，却没有任何人谴责这种行为，就是因为这种行为符合日本政府既定战略目标，日本借此一举获得了占领中国东北的机会，为分割满洲与中国，进而为在中国东北建立一个"独立国家"铺平了道路。这不就是日本政府大陆政策的部分内容吗？

驳所谓中国民族主义"刺激"九一八事变谬说

已故日本庆应大学法学教授中村菊男分析九一八事变的原因，把责任推到"中国民族运动的抬头"。"在满洲和中国大陆，排日、抗日运动风起云涌，俄日战争以来，日本所获得的权益，因之逐渐受到'侵害'"，他认为，在 1924 年，中国新抬头的民族运动，与共产主义运动组成共同战线，"日本在满洲的特殊权益遂受到很大威胁"。他还认为，张学良在东北易帜，"在满洲挂起国民政府的青天白日旗以后，满洲在政治上便与中国本土连在一起了"，这与日本政府关于分离满洲与中国的国策是不相容的。他的结论是，九一八事变是"寻求壮大的日本民族之生命力在满洲遭遇到抵抗，中日两国的利益在满洲的冲突"。中村菊男这种评价，根本站不住脚。其实质就是在寻找侵略中国的理论根据，或者说就是一种发动战争的理论。

把一个独立国家的领土（如中国东北）当作日本发展的生命线，在当今国际法意义上说，是耸人听闻的。即使按照 19 世纪至 20 世纪初的为西方各国首肯的国际法，也是不合法的。按照对中国极不平等的《朴茨茅斯条约》（1905 年）和中日《会议东三省事宜正约》《附约》（1906 年）规定，日本在中东铁路南部获得了某种特殊权益，东三省主权还是属于中国。日本要把东北与中国本身分割开来，有什么国际法根据？日本要把东北当作日本发展的生命线有什么国际法根据？日本的侵略激发起中国人民的民族主义、爱国主义不是十分正当的吗？奉系军阀张作霖之子张学良强烈感受到日本侵略东北的压力，决定改旗易帜，服从国家统一的大局，不是很正常的吗？

中国的民族主义是爱国的民族主义，是反侵略的民族主义，是被日本和欧美帝国主义侵略逼出来的民族主义，是谋求民族自立和国家独立的民族主义。中国的民族主义没有妨害他国的民族利益。日本把自身发展的民族主义利益寄托在对中国侵略和占领的基础上，完全是一己私利，完全漠视独立国家的主权，完全漠视中国人的生存权利和基本人权，是军国主义的，是帝国主义的，是残忍的，是道德低下的。

所谓"寻求壮大的日本民族之生命力在满洲遭遇到抵抗，中日两国的利益在满洲的冲突"，似是而非。这句话应该解释为寻求扩大对华侵略的日本民族之生命力在中国遭到抵抗，引起了中国人民的排日、抗日表现。难道中国人民面临深刻的民族危机，在自己的国土上对日本侵略表达不满就不应该吗？就应该俯首帖耳听任日本侵略者宰割吗？就成为日本扩大侵略的根据吗？"壮大的日本民族之生命力"要用占领中国领土来实现，要用武力干涉来实现，这就是露骨的军国主义理论，是"侵略有理"论。

这种军国主义的战争理论正是策划九一八事变的关东军参谋

石原莞尔的理论。他在策划九一八事变时就在关东军内部提出了所谓"世界最后战争论"的构想，认为"世界大战之爆发，决非很久将来之事，从现在起，我们应有充分的准备和觉悟"，他还提出了"以中国问题的解决为世界最后战争的一环"的设想。

第一次世界大战刚过去十年，日本军国主义者就在策划发动第二次世界大战了。由此可见，说日本是第二次世界大战东方战争策源地，在这里找到了多么充分的证据。

九一八事变开始了日本 14 年侵华战争的历程

九一八事变后，日本即在东北建立伪满洲国，实现其将东北与中国内地相分割的计划。随后借故发动一·二八事变，大举进攻上海。日军通过对上海的进攻，实现了扭转国际舆论关注东北问题及策划成立伪满洲国的战略目的，通过对国民政府的军事压力强化了在东北问题上的强硬立场。淞沪抗战中，处于劣势的中国军队，在全国民众的热情支持下顽强抵抗一个多月，虽蒙受惨重损失，却重创日军，振奋了全国民众的抗战士气。日本占领东北，成立伪满洲国，大举进攻上海，完全是非法的，是灭绝人性的，是没有任何国际法根据的。

如果说日本在天津驻军还符合《辛丑条约》的话，1932 年后日本华北驻屯军发动山海关事变，配合日本关东军逐渐蚕食长城内外，把军队移驻到北平西南丰台，就是完全违反国际法的。这是造成卢沟桥事变的根源。日本学者争论宛平城的第一枪是谁开的，这在纯战争史或者军事学角度看可能有某种意义，但在日本侵略中国这个大主题上没有任何意义。因为日军到了北平附近的丰台，本身是完全非法的，除了肆意侵略，难有更准确的解释。即使第一枪不是日军开的，也改变不了日军侵略的本质。

九一八事变是日本 14 年侵华战争燃起的第一把战火，是中国人民抗日战争的起点，揭开了世界反法西斯战争的序幕。人类公理正义必将战胜邪恶与贪婪。日本的失败结局是必然的。值此中国人民抗日战争暨世界反法西斯战争胜利 70 周年之际，这段历史应该被世人永远铭记。虽然我们已经远离了当年的血与火，但要深知和平来之不易，要为捍卫人类和平尽心竭力。

纪念抗战不能忘记历史的基本线索 *

今年 9 月 3 日是中国人民抗日战争胜利 70 周年纪念日，5 月 9 日是世界反法西斯战争胜利 70 周年纪念日。这两个纪念日实际上反映了同一史实：同盟国赢得了人类历史上最为残酷的第二次世界大战的胜利。这两个纪念日对世界反法西斯国家、对一切爱好和平的国家来说，都是极为重要的纪念日。第二次世界大战有两个战争策源地、两个战争爆发点、两个主要战场、两个结束时间和两个胜利纪念日。这反映了第二次世界大战成因的复杂性和战争的长期性、残酷性。客观地说，第二次世界大战起于 1937 年七七事变，中间经过德国向苏联进攻、日本向美国进攻，1945 年 5 月 8 日德国在无条件投降书上签字，终结于 1945 年 9 月 2 日日本在无条件投降书上签字。

中国抗日战争是第二次世界大战中反法西斯和反日本军国主

＊ 本文原载于《人民日报》2015 年 8 月 31 日第 7 版。

义侵略的主要组成部分之一。1939年，德军横扫欧洲，号称"欧洲最大强国"的法国只撑持了短短6个星期就投降了。英军敦刻尔克大撤退，退回英伦三岛，长期遭受德国飞机轰炸。但这个时候，中国军民独自抵抗日本军国主义侵略已经两年多了。第二次世界大战的东方主战场，在欧洲主战场之前很久就已经形成。中国在很少得到外援的情况下，坚持了艰苦卓绝的抗战，中国没有亡。虽然有少数人向日本投降，但中国这个国家没有投降，而且坚持抗战到日本投降。

中国抗战能坚持到最后的胜利，是因为中国的正面战场和敌后战场在战略上配合起来对日本侵略军进行作战。这个特点是中国战场独有的，出现这个特点是因为中国共产党提出了建立抗日民族统一战线的主张，并且经过艰苦努力说服当权的国民党接受了这个主张。在这个大局下，国民党虽然反共，但还是把抗日旗帜举到了最后。中国共产党宣传发动全国人民投入抗战，推动、督促国民党政府抗战，八路军、新四军开辟敌后战场始终坚持抗战，充分发挥了中流砥柱作用。

日本全面侵华，是要谋求迅速灭亡中国。所谓"大东亚共荣圈""共荣共存"的口号，只不过是谋求建立"大日本帝国"的外衣和欺骗人的口号。这一点，只要看日本在朝鲜半岛、中国台湾和东北实施的"皇民化运动"就可以明白。日本是后起的资本主义国家，19世纪末发展为帝国主义国家，但它国土面积狭小、资源贫乏。它侵略中国的总战略是求快求速，是速胜，尽量避免拖延。中国虽处于半殖民地半封建社会，是一个落后的农业国，却是一个地广民众的国家。日本的侵略激起中华民族同仇敌忾，促使国共两党组成抗日民族统一战线。中国对付日本侵略的总战略，就是毛泽东同志论证的"持久战"，用"拖"字诀应对日本的"速胜论"，用敌后战场和正面战场拖住侵华日军的手脚，使其难以实现速胜的战略总目标。中国战场的"拖"字诀，把大部分日本军队拖在中国战场上，从而帮助了苏联，使苏联避免了东西两线作战的困境；同时也帮助了美国，减轻了太平洋战场的压力。但在这一过程中，中国付出了巨大牺牲。日本侵华制造了南京大屠杀等无数惨案，抢掠了中国无数的物质财富，给中国带来了极其惨重的人员和物质损失，极大地延缓了中国社会的进步。中国抗日战争对世界反法西斯战争胜利的贡献是巨大的，应该得到国际舆论的客观评价。

1943 年的开罗会议、德黑兰会议和 1945 年的波茨坦会议，是同盟国在战时召开的具有重要意义的国际会议，三次会议决定了集中力量对日本和德国作战，以及战后对日本和德国的处分与敦促日本投降。战胜日本和德国，并且给予日本和德国严重的处分（包括领土），包括战后成立联合国，都是第二次世界大战最重要的胜利成果，这些成果形成了与战前完全不同的国际格局。这些就是历史，就是第二次世界大战的历史。

70 年过去了，今天对第二次世界大战胜利成果的维护，存在两种不同的态度。德国与法西斯彻底决裂，建立起一个新的德国。新德国对纳粹德国的战争罪行进行了深刻反省，正确处理了与其他国家的关系。日本是第二次世界大战爆发的另一个战争策源地，战后虽受到了惩处，但并不彻底，很多日本政治家对战争的反省不深刻，还拒绝对日本的战争罪行认罪、道歉，甚至对南京大屠杀、慰安妇那样对被害国人民的严重伤害也不正视、不道歉；战争罪犯年年都受到日本政治家的礼拜，战后对日本形成的一些约束机制正在被解除。这真是咄咄怪事。

日本政局的右倾化，最重要的原因是对历史缺乏正确的认知。日本发动战争的罪行是客观的历史，否认不等于不存在。不能正确认知历史，只会对现实政治及与他国关系产生副作用。一个很奇怪的现象是：日本因广岛、长崎遭到原子弹轰炸而产生的受害国情绪甚为浓厚，却对中国和亚洲其他遭受日本侵略国家的情绪不予理睬。被原子弹轰炸的人民值得同情，但广岛和平纪念馆内说明牌上载明这是因"国策失误"所致，这个认识基本上是正确的。现在的日本当政者认识到了这个"国策失误"吗？日本对于8月15日所谓"终战日"年年纪念，而对于9月2日在无条件投降文书上签字却不纪念。这些可以看出日本政治的倾向和心态。日本一些在野的政治家、学者和普通人，对日本今天的政治走向是极为担忧的。他们认为：不承认对邻国的侵略，不认真反省历史，不对亚洲各国人民道歉，日本与邻国的未来关系是不明朗的。日本毕竟是一个亚洲国家。

学史可以明智。历史是最好的老师。中国人民抗日战争胜利70周年到来，我们应该怎样纪念？笔者认为，很重要的一点就是要记住第二次世界大战发生、发展及其结局这个基本的历史线索。中国的年青一代，日本的年青一代，全世界各国的年青一代，都要学习并记住那段历史的主要情节，各国的政治家尤其要记住那段历史。只有记住那段历史，才能防止新的战争策源地产生，才能在未来的历史进程中避免犯低级错误，才能创造各国和平发展的未来。

下大力气推进抗日战争史研究 *

习近平总书记在纪念中国人民抗日战争暨世界反法西斯战争胜利 70 周年大会上指出："中国人民抗日战争和世界反法西斯战争，是正义和邪恶、光明和黑暗、进步和反动的大决战。"这一论断极其深刻，是对法西斯主义的鞭挞、对日本军国主义的鞭挞、对所有黑暗势力和反动势力的鞭挞，代表了正义的声音、历史的声音，代表了对非正义战争的唾弃、对和平的期待和坚持。

在那场正义和邪恶、光明和黑暗、进步和反动的大决战中，中华民族付出了惨重的牺牲，也经受了脱胎换骨的锤炼。在日本军国主义的疯狂侵略面前，中华民族的主体没有被敌人的残虐、狂暴、屠杀所吓倒，没有屈膝投降，而是在极其艰难困苦的条件下坚持抵抗、坚持正义战争，坚持以弱胜强、积小胜为大胜，用持久战理论指导战争的开展，以中国共产党及其领导的武装力量

---

* 本文原载于《人民日报》2015 年 9 月 17 日第 9 版。

为中流砥柱，终于取得抗日战争的完全胜利。中国人民抗日战争是何等艰苦卓绝、何等浴血奋战，这些都需要鸿篇巨制的史书详加记述。习近平总书记在回顾中国抗战"铸就了战争史上的奇观、中华民族的壮举"，指出中国抗战在世界反法西斯战争中作为东方主战场的历史性贡献的同时，强调"和平与发展已经成为时代主题，但世界仍很不太平，战争的达摩克利斯之剑依然悬在人类头上。我们要以史为鉴，坚定维护和平的决心"。这就告诉世人，战争的危险今天仍然存在，反对战争、维护和平仍然是当今时代的任务。新形势下，中国历史学界应下大力气推进抗日战争史研究，反映中华民族在抗日战争中凤凰涅槃、浴火重生的历史，阐明中国人民在抗日战争中是如何反对战争、争取并维护和平的。

我国抗日战争史研究的基本状况

抗日战争史基本上属于中国近代史学科。新中国成立以前，中国近代史研究没有得到社会和学术界的重视。新中国成立后，党和国家高度重视中国近代史研究，中国近代史迅速发展成为一门新兴学科。20 世纪 50 年代到 70 年代，中国近代史研究的重点在晚清历史，1919 年以后的历史还没有真正进入研究者的视野。改革开放以后，学术界视野大开，1919 年后的历史包括中共党史、国民党史、民国史和抗战史研究逐渐提上学术界的研究日程。无论从中共党史角度，还是从民国史、国民党史角度，都不能回避抗日战争历史。1982 年起，中国社会科学院和军事科学院开始讨论与部署抗日战争研究课题，提出了撰写《中国抗日战争史》和《第二次世界大战史》的任务。

1991 年，在胡乔木的关心和推动下，我国成立了以刘大年为会长的中国抗日战争史学会，创办了学会刊物《抗日战争研究》，召开了九一八事变 60 周年国际学术讨论会。此后，一系列有关抗日战争史的学术会议得以举办，大量研究抗日战争史的论文涌现出来，许多抗日战争史料包括正面战场和敌后战场的史料公开出版。在此前后，一批抗日战争史和第二次世界大战史学术著作先后问世，代表性的著作有军事科学院的《中国抗日战争史》三卷、刘大年主编的《中国复兴枢纽——抗日战争的八年》、何理撰著的《抗日战争史》以及军事科学院的《第二次世界大战史》、朱贵生等的《第二次世界大战史》等。这些著作正确处理了中国抗战与世界反法西斯战争的关系、日本军国主义侵略中国与中华民族反侵略的基本格局、抗日民族统一战线与国共两党在抗战中的角色、正面战场与敌后战场的关系等问题。与此同时，在中国人民抗日战争的一些重大问题上，学术界也进行了很多讨论。比如，关于正面战场与敌后战场究竟哪一个是主战场，讨论中有不同意见。有学者认为，从抗日战争全过程看，抗战初期正面战场是主战场；从抗战中期到抗战后期，主战场发生了转化，敌后战场逐渐成为主战场。关于抗日战争领导权问题，有人认为是共产党领导的，有人认为是国民党领导的，有人认为是国共两党共同领导的，也有人认为是国共两党分别领导的，学术上的探讨很热烈。

著名马克思主义历史学家刘大年在他主编的《中国复兴枢纽——抗日战争的八年》一书及其他学术论文中，对抗日战争史作了理论性概括：要认识抗日战争时期历史的特别复杂性。抗日战争首先是民族战争，同时也是人民战争；其间交叉着错综复杂的矛盾，既有民族矛盾，又有阶级矛盾；抗日战争既是一场民族解放战争，又是一场与国内民主革命相结合、相伴随的战争；既有正面战场，又有敌后战场；既有国民党对正面战场的领导，又有共产党对敌后战场的领导。只有依据历史事实，看到抗日战争历史的复杂性，具体问题具体分析，才有可能把抗日战争史研究中认识不够深刻的地方进一步弄清楚。刘大年对抗日战争史提出了自己的系统认识，这些认识概括起来主要有四个要点：中国抗日战争是在中国共产党倡导的抗日民族统一战线的旗帜下，以国共合作为基础，各阶级、各民族人民团结起来进行的中华民族解放战争；正面战场和敌后战场两个战场的存在是决定抗日战争面貌和结局的关键；在抗日战争中，国民党、共产党两个领导中心并存；抗日战争是中国近代历史发展的一个根本转变，是近代以来中国第一次取得对外战争的全局胜利。这些认识是很有价值的。

近 10 年来，抗日战争史研究又取得了新进展。马克思主义理论研究和建设工程重点项目《中国抗日战争史》、步平和荣维木主编的《中华民族抗日战争全史》等著作出版，研究性的学术论文也很多。其中，《中国抗日战争史》着眼于 14 年抗战，叙述 6 年局部抗战和 8 年全面抗战的历史进程，展示了中国共产党坚持抗战的中流砥柱作用，反映了中国各党派、各民族、各阶层、各团体同仇敌忾、共赴国难的壮丽史诗，对抗日战争史研究中一些重点难点问题作了新的探讨。这本书的贡献是提出了 14 年抗战的概念，强调了中国抗日战场是世界反法西斯战争的东方主战场。强调 14 年抗战是有重要意义的，有利于把日本对华侵略联系起来考察，说明随着九一八事变日本开始侵略中国，中国的抗战就开始了，局部抗战也是抗战。当然也应认识到，1937 年七七事变前后中国抗战的形势是完全不一样的，或者说是有本质区别的。区别在哪里？就在 1937 年七七事变后的全面抗战，是在国共两党取得建立抗日民族统一战线的共识后在国家层面形成的抗战，是中华民族动员起来的全民族的抗战，是正面战场和敌后战场做战略配合的抗战。这种抗战形态在七七事变前是没有的。

欧美学者对中国抗日战争史的研究

欧美学者在中国抗日战争史研究方面也发表了许多论文，出版了不少专著。许多学者研究中共抗日根据地，对中共在抗日战争中的壮大颇感兴趣。也有学者研究国民党政府，研究正面战场，研究日本侵华以及日本在华暴行等。苏联和俄罗斯学者较多研究苏联、共产国际与中国的关系，强调苏联对华援助。总体而言，欧美学者对中国抗日战争在世界反法西斯战争中的地位和作用评价不高，或者基本不涉及。有的学者甚至认为中国战场在太平洋战争中的地位是边缘的，中国战场不过是边缘战场。有短视的欧美学者甚至完全看不到中国战场的作用，在叙述第二次世界大战历史时居然对中国战场只字不提。

欧美学者对中国战场的忽视，最典型的表现是在对第二次世界大战起点或爆发点的认定上。欧美学者、日本学者一般认为1939年9月德国进攻波兰是第二次世界大战的起点，有的学者则把1941年12月7日本轰炸珍珠港作为第二次世界大战的爆发点。总之，中国抗日战场不在这些学者的视野之内，是边缘的甚至可有可无的。这些认识完全不符合历史实际，是极不公正的，是对历史不负责任的表现。出现这种现象的原因很复杂，主要是三个方面：一是欧洲中心主义在欧洲历史学者中占据主导地位，因此不重视中国抗日战场的作用；二是第二次世界大战后出现的冷战使欧美把中国视为敌对的一方，改变了战时对中国战场重要作用的认识；三是第二次世界大战时和第二次世界大战后很长一段时间，中国是一个弱国，经济不发达，学术领域的国际话语权不大，我们的研究成果得不到国际学者的重视。其实，在世界反法西斯战争进行过程中，美国总统罗斯福、英国首相丘吉尔、苏联领导人斯大林都对中国抗日战场有过很高评价。

近年来，由于中国国力逐渐增强、国际地位日益提高，世界的眼光开始转向中国，一些欧美历史学家开始重新审视中国抗战对世界反法西斯战争胜利的作用。2013年出版的牛津大学中国研究中心主任拉纳·米特的著作《中国，被遗忘的盟友：西方人眼中的抗日战争全史》一书指出："在过去的几十年里，我们对'二战'中有所贡献的盟军的认识，有着巨大的偏差……中国依然是被遗忘的盟友，它的贡献随着亲历者的离世而渐渐被人遗忘""1937—1945 年，中国国民党和中国共产党是东亚地区唯一坚持反抗日本帝国主义的两大政党""如果没有中国人民的英勇抵抗，中国早在 1938 年就沦为日本的殖民地。那将给日本控制整个亚洲大陆提供有利条件，加速日本对东南亚地区的扩张。一个屈服的中国，也更有利于日本入侵英属印度"。作者还说："中国在 20 世纪三四十年代参与那场艰苦卓绝的战争，不仅仅是为了国家尊严和生存，还为了所有同盟国的胜利。"这个评价是较为公允的，大体上体现了中国抗日战场作为世界反法西斯战争东方主战场的地位和作用。今年 4 月，法国伽利玛出版社出版了巴黎第一大学著名抵抗运动史专家阿丽亚·阿格兰和著名国际关系史专家罗伯特·弗兰克主编的专著《1937—1947 战争—世界》。该书聚集了法、德、意、加、奥等国 50 多位历史学家、哲学家和政治学家研究第二次世界大战历史，关注亚洲，把 1937 年中国大规模抗击日本入侵作为第二次世界大战的起点，用较大篇幅描述了日本侵略中国以及南京大屠杀等战争罪行。该书从全球视野解读第二次世界大战，表达了对欧洲中心主义的批判，其观点在此前的欧美学者中是不易见到的。今年 5 月，在俄罗斯科学院举办的国际学术会议"苏联、中国在二战战胜法西斯主义和日本军国主义中的作用"上，俄罗斯科学院远东研究所代所长卢佳宁在他的学术报告《还原事实真相：1931—1945 年间的苏联和中国》中认为，中、苏两国是击败日本法西斯的中坚力量。5 月 17 日，俄罗斯政论家尤里·塔夫罗夫斯基在《独立报》发表文章《不应遗忘"二战的另一半"：中国抗战》。文章首先提出第二次世界大战的爆发时间问题，主张应该以 1937 年七七事变为第二次世界大战的起点，强调中国在第二次世界大战中的主体作用。

第二次世界大战中，在日本军国主义、德国法西斯主义的疯狂侵略面前，欧洲和亚洲许多国家投降了，法国这样的欧洲强国只抵抗 6 周就宣布投降了。中国作为当时世界上饱受欺凌、尚未工业化的落后大国把抵抗侵略的斗争坚持到了最后，给予世界反法西斯国家重大支援。中国战场作为世界反法西斯战争东方主战场的贡献是不可替代的，过低评价中国战场这个东方主战场的作用是违反历史公平原则的，是不科学的。在国际视野下观察中国抗日战争可以看到，第二次世界大战前世界上出现了两个战争策源地、两个战争爆发点。只有确立了这个认识，才能看到中国战场在第二次世界大战中的战略地位和中国人民对战胜法西斯主义、军国主义所作出的重大牺牲与为世界和平所作出的重大贡献。只有从对第二次世界大战世界性、全局性、复杂性的认识和分析中，才能清晰地看出中国抗日战争的地位和作用。

推进抗日战争史研究的建议

习近平总书记指出，同中国人民抗日战争的历史地位和历史意义相比，同这场战争对中华民族和世界的影响相比，我们的抗战研究还远远不够，要继续进行深入系统的研究。习近平总书记强调，深入开展中国人民抗日战争研究，必须坚持正确历史观、加强规划和力量整合、加强史料收集和整理、加强舆论宣传工作，让历史说话，用史实发言，着力研究和深入阐释中国人民抗日战争的伟大意义、中国人民抗日战争在世界反法西斯战争中的重要地位、中国共产党的中流砥柱作用是中国人民抗日战争胜利的关键等重大问题。习近平总书记的讲话对中国学术界特别是历史学界提出了明确要求，是大力推进中国抗日战争史研究的指针和动力。我国历史学界特别是近代史学界要认真领会讲话精神，切实加强、大力推进中国抗日战争史研究。

一是加强领导，协调全国科研系统、高校、党史部门和民间力量，协调海峡两岸的力量，制定抗日战争研究科研规划，提出工作目标，给予经费支持，分工合作、扎扎实实进行严谨的学术研究工作，撰写出版一系列体现科学历史观的学术著作。

二是广泛、深入、全面搜集抗日战争史料，包括从相关国家公私档案馆、图书馆搜集涉及中国抗战以及中国国际关系的档案、日记、书信、公私文书、照片以及影视作品和各种专门著作，分门别类编辑相关专题的文献史料，切实打好研究基础，尊重历史，用历史事实说话，使研究著作建立在可靠可信的史料基础上，成为科学的历史学著作。

三是切实贯彻《中华人民共和国档案法》，国家和地方各级各类档案馆努力为抗日战争研究者搜集史料提供最大方便。在条件允许的情况下建立抗战史料文献中心，建立互联网数据库，方便学者研究。

四是在涉及抗日战争史的一些关键问题上开展深入研究，如日本侵华史、日本战争策源地研究，抗战时期抗日民族统一战线形成史研究，中国共产党在抗日战争中的中流砥柱作用研究，正面战场、敌后战场的战略配合作用研究，抗日战争中中华民族的空前大觉醒研究，抗日战争时期中国的人心向背研究，抗日战争时期中国文化战线及文化思想的转变研究，抗日战争时期中国国际关系特别是与同盟国的关系研究，等等。所有这些研究项目都应建立在大量利用、分析史料的基础上，产生的史学著作应经得起质疑，具有长久生命力。

五是积极建立抗日战争史研究的国际网络，广泛开展国际学术交流，加强中国抗日战争史的国际学术研讨，努力扩大中国学者研究抗日战争的国际话语权，争取产生国际学者共同参与的大部头中国抗日战争史、世界反法西斯战争史著作。

中国历史学家要有时代担当 *

习近平主席在致第 22 届国际历史科学大会的贺信中指出："历史研究是一切社会科学的基础，承担着'究天人之际，通古今之变'的使命。"这是对历史学作用和功能的重要论断。

"究天人之际，通古今之变"，意指史学要研究自然与人类社会的关系，要深究古往今来人类社会的演变规律。从唯物史观来看，研究人类社会发展规律，研究人类社会何以从低级阶段发展到高级阶段，何以从原始阶段发展到资本主义社会和社会主义社会，是历史学的任务，这样的认识是完全符合历史唯物主义的，也与马克思所说的"我们仅仅知道一门唯一的科学，即历史科学"，大体是一个意思。

历史科学是基础科学，无论哪一个学科，其实都离不开历史，至少离不开本学科形成和发展的历史。即使是自然科学，也离不开历史，至少离不开自然科学各学科自身形成发展的历史。只有透彻了解本学科形成发展的历史，才能对学科发展的方向做出准确的判断。

习近平主席在贺信中指出："重视历史、研究历史、借鉴历史，可以给人类带来很多了解昨天、把握今天、开创明天的智慧。所以说，历史是人类最好的老师。"人们需要从历史知识的宝库中获取营养。历史研究可以把前人克服前进困难的智慧挖掘出来，把前人解决不了的问题总结出来，把前人胜利的经验、失败的教训提炼出来，供今人参考。这些了解和总结，都不是自然发生的，都是需要靠人们的努力去深入研究才能得到的。

历史研究是一门学问，最根本的特点是尽可能多地占有史料，用史实说话，一切研究结论都建立在扎实的史料基础上，拒绝凭空捏造。历史虚无主义最大的问题就是不尊重史实，不尊重历史发展的大趋势，随意解读史料。习近平总书记在今年 7 月 30 日主持中央政治局学习时，就抗战历史和抗战史研究作了重要讲话。习近平总书记指出，同中国人民抗日战争的历史地位和历史意义相比，同这场战争对中华民族和世界的影响相比，我们的抗战研究还远远不够，要继续进行深入系统的研究。要按照"总体研究要深、专题研究要细"的原则，制定中长期规划和具体工作方案，要把历史结论建立在翔实准确的史料支撑和深入细致的研究分析的基础之上，要更多通过档案、资料、事实、当事人证词等各种人证、物证来说话。要坚持正确方向、把握正确导向，让历史说话，用史实发言。这些意见，不仅适用于抗战历史，也适用于一切历史问题的研究。

为了中华民族复兴的伟大事业，我们需要深入研究历史。不仅要深入研究抗战历史，还要深入研究中国近现代史，研究中国共产党的历史，研究中华人民共和国的历史，研究中国古代史和世界史。要深入研究几千年的传统文化，研究五四运动以来和新中国成立以来的文化传统，从中总结出有益的东西。这些对于马克思主义中国化，对于中国特色社会主义的建设都是至关重要的。

习近平主席的贺信代表了党中央对中国历史学界的鼓励、鞭策和重视，是中国史学界的光荣。我们要在发展和繁荣中国历史学中发挥时代担当，尽到自己作为历史学者的时代责任。

推进我国史学话语体系建设 *

习近平总书记在哲学社会科学工作座谈会上指出："面对世界范围内各种思想文化交流交融交锋的新形势，如何加快建设社会主义文化强国、增强文化软实力、提高我国在国际上的话语权，迫切需要哲学社会科学更好发挥作用。"发挥我国哲学社会科学作用、提高话语权，离不开话语体系建设。为此，习近平总书记对哲学社会科学界提出了"不断推进学科体系、学术体系、话语体系建设和创新"的任务。在我国发展的重要阶段，推进哲学社会科学话语体系建设具有十分重要的意义。我国史学界应直面不足，努力在马克思主义指导下推进我国史学话语体系建设，努力提高学术话语权。

＊ 本文原载于《人民日报》2016 年 7 月 25 日第 16 版。

话语体系和话语权是国家软实力的重要组成部分

按照笔者的理解，哲学社会科学话语体系建设的主要目的，是使我国哲学社会科学形成与我国物质生产能力相匹配的话语影响力，提高国家话语权。如果按照硬实力和软实力的分法，我们可以把物质生产能力看作硬实力，把文化、哲学社会科学、意识形态等的影响能力看作软实力。哲学社会科学话语体系和话语权正是国家软实力的重要组成部分，也是我国在世界上和平发展、中华民族实现伟大复兴的重要衡量指标。从这个意义上说，建设与我国物质生产能力相匹配的哲学社会科学话语体系，是我国哲学社会科学发展极为光荣的使命，也是极为紧迫的任务。

从历史上看，一个国家哲学社会科学话语体系、话语权，大体与该国的物质基础相匹配。一个小国、弱国，一般来说很难形成自己的哲学社会科学话语体系并在世界上拥有话语权。从 16 世纪到 19 世纪上半叶，当中国还显得很强大的时候，正在崛起的西方资本主义国家对中国的学术表现出很大的兴趣和尊敬。老子、孔子等中国先哲的著作在欧洲被翻译出版，欧洲汉学开始兴盛。17 世纪传教士们编译的《中国哲学家孔子》，向欧洲思想界传播了一个完全不同的东方思想体系，深刻影响了 18 世纪欧洲的思想家。一些欧洲思想家如伏尔泰等在自己的著作中都描述过中国和中国的学术，许多欧洲思想家的思想其实都受到中国学术思想的启迪。当西方国家完成工业革命、忙于在世界各地抢占殖民地和市场的时候，它们就开始探寻中国实力的底细，并计划对中国施加兵威。鸦片战争后，中国面对西方列强的侵略，手足无措。甲午战争的失败是当时的清政府未能想到的，甚至也是西方各国未曾想到的。甲午战争后，西方列强在中国划分势力范围，几乎要瓜分中国。八国联军侵华、《辛丑条约》签订，彻底打倒了中国士大夫的自大，崇洋观念开始兴盛。中国知识界认识到自己国家的落后，纷纷到东洋、西洋留学，如饥似渴地学习西学知识。《群学肄言》《民约论》《法意》《群己权界论》等西方资产阶级上升时期的理论著作纷纷被译成中文出版。苏格拉底、柏拉图、亚里士多德、培根、孟德斯鸠、康德、黑格尔等西方思想界的名士被中国思想界所接纳。这些理论著作和思想家的观点就成为当时中国学术话语体系的核心。严复、梁启超、胡适、鲁迅、郭沫若等新型知识分子，都是在吸吮西学知识后成长起来的。从中我们可以看出，近代中国的衰落导致中国哲学社会科学话语体系基本上是以西方话语体系为参照、为圭臬，话语权极为微弱，中国的软实力也跌到了谷底。

我国史学话语体系和话语权亟待加强

中国共产党在把马克思主义基本原理同中国具体实际相结合的过程中，大力推进马克思主义中国化。在这一过程中，我们党为克服哲学社会科学界"言必称希腊"的崇洋风气，树立自己的理论自信、文化自信，花费了大量时间和心力，取得了积极成效。

毛泽东同志提出的"帝国主义和一切反动派都是纸老虎""实践论""矛盾论""人民内部矛盾""三个世界"等一系列概念和论断，邓小平同志提出的"贫穷不是社会主义""社会主义市场经济""计划经济不等于社会主义，资本主义也有计划"等一系列概念和论断，不但在政治领域有着重要影响，在哲学社会科学界也产生了广泛影响，成为我国哲学社会科学的代表性话语。但应该承认，新中国成立以来的大多数时间里，我国哲学社会科学话语体系建设水平总体并不高，话语权在国际学术领域还处于弱势，即使是有着传统优势的史学也是如此。

新中国成立以来，我国哲学社会科学界的眼光是向外的。就史学而言，先是大量翻译出版苏联的史学著作，如苏联科学院主编的多卷本《世界通史》。后来是大量翻译出版欧美国家和日本的史学著作，像"剑桥世界史""剑桥中国史"等在中国大量出版。"剑桥中国史"包括剑桥晚清史、剑桥民国史、剑桥中华人民共和国史等，虽然对中国学者的研究有参考作用，但主要是针对西方读者写的。相反，中国史学家的著作虽然也有被西方国家翻译出版的，但数量甚少，在国外图书市场只是点缀，难以在西方学术话语体系中崭露头角。像范文澜撰著的《中国通史》、郭沫若主编的《中国史稿》、刘大年主编的《中国近代史稿》、白寿彝主编的《中国通史》、逄先知和金冲及主编的《毛泽东传》以及近些年中国学者出版的大部头中国史学著作，都没有外文译本（包括外国出版的译本和中国出版的译本）。这是目前的基本状况，从一个侧面反映了我国史学在国际上的话语权还比较弱。

美国学者在中国近代史研究领域提出了不少新的概念和理论，如冲击—反应模式、现代化研究范式、中国近现代历史的连续性等。这些风靡世界也曾风靡中国的概念和理论，体现了西方的学术话语体系和话语权。历史虚无主义的流行，在根源上与其中一些概念和理论紧密相关。我国历史学者研究历史时所坚持的概念和理论，如马克思主义社会形态学说、中国文明起源、汉民族形成、中华民族在长期历史进程中的民族融合、近代中国社会性质是半殖民地半封建社会、中国近代史的主题是反帝反封建、民族资本主义和官僚资本主义等，往往不被西方学者所接受，甚至现在也不大受我国年轻学者重视。在西方许多学者眼中，中国作为社会主义国家在意识形态上与西方是对立的。正是由于这一偏见，他们总是难以理性客观地评价中国的哲学社会科学，总是习惯于排斥中国历史学者提出的概念和理论。

随着经济快速发展，我国国力不断增强，世界影响力日益提升，学术上的话语权也有了可喜变化。比如，过去人们说蒙古学、敦煌学在国外，现在就不能那么说了；中国抗战在世界反法西斯战争中的地位和作用，以往西方学者基本忽略不计，现在开始有了较高评价；一些欧洲学者也开始采用近代中国是半殖民地半封建社会这样的概念。当然，这种变化还是有限的，我国哲学社会科学话语体系的建设、话语权的提高还要经历一个长期的过程。如果说 21 世纪是中国的世纪，在经济上可能会来得早一些，在学术上则会来得晚一些。对于中国哲学社会科学话语权的提高，西方国家是不习惯的，也是不耐烦的，需要一个较长的适应期。

正因如此，推进我国哲学社会科学包括史学的话语体系建设，是当前我国哲学社会科学界的紧迫任务。

历史学者不能辜负这个时代

中国的发展会使西方学者对中国的看法有新的转变。西方学者学术观念的转变是值得欢迎的，但这并不等于他们会在学术上支持中国学者的话语体系。要把我国建设成为哲学社会科学强国，需要中国学者自己去建设自己的话语体系、提高自己的话语权。现在是抓这个问题的时候了。就史学来说，我国史学的许多研究无疑有独步世界的学术成就，但是还没有被国际学界所了解、所接受。建设我国史学话语体系、提高话语权，中国历史学者还需要下一番苦功夫。

从 20 世纪 20 年代开始，李大钊、陈独秀、李达、郭沫若、吕振羽、范文澜、翦伯赞、侯外庐等一批中国学者就开始坚持以马克思主义为指导，运用唯物史观研究中国历史。今天，建设我国史学话语体系、提高话语权，最根本的要求就是自觉坚持以马克思主义为指导来研究中国历史和世界历史。在马克思主义指导下建设我国史学话语体系，关键是总结、概括出体现这一话语体系的科学概念和学科范式。就中国近现代史而言，要坚持以前提出的半殖民地半封建社会性质、反帝反封建斗争、旧民主主义革命和新民主主义革命、旧三民主义和新三民主义等科学概念，要在更多史料的支持下进一步论证和丰富这些概念；要对诸如中国特色社会主义、协商民主、民族区域自治等政治术语作出翔实的学术论证，使之成为学术话语；要对我国学者有较多话语权的社会历史发展规律学说进行更加深入的学术研究和论证。只有在这些方面进行努力，我国史学才能把话语体系提升到一个新的水平，而不是跟在西方学者后面亦步亦趋。

　　建设我国史学话语体系、提高话语权，基础是开展扎实深入的史学研究。否则，话语体系就是无根的浮萍，话语权也就无从谈起。这就要求我们坚持在马克思主义指导下深入开展史学研究。比如，我们要研究中华文明起源的历史根据，中华文明何以不同于世界其他文明，中华文明在历史上如何吸收其他文明的精华，中华文明的优点和弱点在哪里；要研究中国历史发展的特点，中国封建社会经历漫长历史时期的原因，中国几千年的经济结构、政治结构和社会结构是如何形成的；要研究中国传统社会意识形态体系或者说儒学体系的精华和糟粕是什么，儒学体系在面对西方资本主义思想体系时为什么打了败仗，今天正在走向复兴的中华民族应该如何看待中华传统文化包括儒学体系；要研究中国革命的特点和成功的原因究竟是什么，马克思主义在中国化过程中是如何与中国具体实际相结合、与中华优秀传统文化相结合的，中国特色社会主义在中国发展的历史必然性；要研究五千年不曾中断的中华文明对世界作出了哪些贡献，中华文明的连续性发展对当今世界发展有什么启示意义，如何看待世界历史发展以及世界历史发展中心的转移；等等。这些课题都需要历史学者深入研究。只有把这些问题研究透了，才能把握历史发展规律。历史学者要有甘坐冷板凳的精神，研究要有十分扎实的史料根据、十分严谨的论证逻辑，要有令人信服的阐释力。只有这样的研究，才能在学术上有说服力，才有助于提高我国史学话语体系建设水平和话语权。

建设我国史学话语体系，既需要学者个人开展深入的研究，产出一系列运用史料得当、见解独到的精深专著；又需要运用集体力量组织学者攻关，产出多种体系宏大、结构严密的大部头著作；还需要具有战略思考能力的学者在专门研究的基础上对研究成果进行新的概括，提出具有主体性、原创性的概念和理论，使我们的研究在方法论意义上对国际史学界产生重要影响。

我国史学话语体系建设水平和话语权的提高，当然也会有许多具体的表现。比如，西方国家学术界主动翻译引进中国学者的历史研究成果，作为其研究、认识中国历史和现状的基本参考，也作为其研究、认识世界历史和现状的重要参考；西方大量历史学者来中国访学，大量留学生为学习历史到中国深造。在这一过程中，我国学术界也要主动翻译出版我国历史学界的代表性著作，将我们的研究成果推荐到西方国家；我国学术机构、学术团体应召开重要的国际学术会议，去评价和推介我国历史学界的重要研究成果。这些都是在建设我国史学话语体系、提高话语权过程中需要做好的具体工作。

建设我国史学话语体系、提高话语权，不会一蹴而就，需要我们付出艰辛努力。习近平总书记指出："当代中国正经历着我国历史上最为广泛而深刻的社会变革，也正在进行着人类历史上最为宏大而独特的实践创新。这种前无古人的伟大实践，必将给理论创造、学术繁荣提供强大动力和广阔空间。这是一个需要理论而且一定能够产生理论的时代，这是一个需要思想而且一定能够产生思想的时代。我们不能辜负了这个时代。"新时期的中国历史学者要承担起自己的历史责任，绝不能辜负了这个时代。中国历史学者要坚定对马克思主义的自信，对中国历史传统和文化传统的自信，对中国学术界理论和文化创造力的自信，为构建中国特色哲学社会科学贡献自己的力量。

辛亥革命是推动中国历史大踏步
前进的重要动力 *

2016 年，是孙中山诞辰 150 周年，是武昌首义、辛亥革命
105 周年，也是中国共产党诞生 95 周年。我们开会纪念这几个对
近代中国历史进程有着极为重大影响的纪念日，是很有意义的。

辛亥革命打开了近代中国历史进步的闸门

辛亥革命时期是近代中国在诸多矛盾中从封建专制走向民主
共和的时期。革命派、立宪派、地主阶级开明派和满汉统治阶级
中的顽固派以及外国势力在近代中国走向共和的过程中扮演了不
同角色。

辛亥革命与中国历史上发生过的社会鼎革、王朝代异相比，

---

* 本文原载于《河北学刊》2017 年第 1 期。

其性质是不同的。它不是一个王朝取代另一个王朝，而是一个社会制度代替另一个社会制度的巨大变革。它不是依靠中国固有的儒家经典作为思想武器，而是将19世纪末以来的新型知识分子从欧美各国学到的社会革命理论作为理论支撑的。孙中山、黄兴、章太炎、宋教仁等就是这批人中的杰出代表。西方列强侵略了中国，也给中国人带来了新的思想武器，支持这个思想武器的是以机器作为动力的生产方式。

以孙中山为首的革命者，为了"振兴中华"，推动中国社会的进步，决心用社会革命的方式，推翻"洋人的朝廷"。孙中山、黄兴等组织了中国第一个资产阶级革命团体——中国同盟会，把分布在海内外的中国革命者和先进的知识分子团结在自己的周围，为反清革命做了大量的思想启蒙、舆论宣传工作，发动了多次武装起义，大大推动了中国反清革命的进程。迫于形势，清政府不得不进行一些有限的改革。但是，在半殖民地、半封建社会条件下，在帝国主义列强的监视下，以"清末新政"为名的改革只可能从挽救封建朝廷的危亡出发，不可能从根本上冲击封建统治，更不可能满足民族资产阶级参加政权的需要，同时由于巨大的对外赔款和开展"新政"所需大量经费，严重增加了广大人民群众的负担。这样，辛亥革命的爆发就是必然的了。1911年的广州黄花岗起义、四川保路运动、武昌起义以及随后的各省响应，是标志辛亥革命必然发生的一系列政治事件。

武昌起义是在革命领袖孙中山、黄兴、宋教仁等不在场的情况下，由武汉三镇的革命派自己策划、发动起来的。武昌起义得到了各省响应，推动了中华民国南京临时政府的成立，成为推翻清朝皇帝的决定性力量。

辛亥革命推倒了皇帝宝座，用资产阶级的民主共和制度代替封建地主阶级的皇权专制制度，是历史的进步。辛亥革命带来中国政治体制、对外关系、社会经济、教育文化、风俗观念的一系列新变化。辛亥革命是伟大的思想解放运动。20 世纪，中国发生了翻天覆地的变化，而这样的变化之所以能够发生，毫不夸张地说，是由辛亥革命拉开的序幕，开启的闸门。辛亥革命后不久，虽然出现了军阀混战、国家分裂、民众困苦的混乱时期，但这不过是历史长河中的一段插曲。有如任何涉及社会根本变革的革命那样，国家和民族的发展进步总要付出一定的代价，总有一个过程。从 1911 年到 1949 年，短短 38 年就诞生了中华人民共和国，这个由乱到治的过渡时间并不是很长，与其他主要西方国家近代革命之后由乱到治的过程相比，更是如此。所以，对于辛亥革命的历史性意义及其为中国带来的历史性转折，应该有充分的估计与积极的评价。

辛亥革命推翻了清王朝统治，结束了中国 2000 多年的封建帝制，成立了中国历史上第一个民主共和国。辛亥革命是中国近代历史发展的重要的转折点，是反帝反封建的资产阶级民主革命的起点，是一个伟大的里程碑，它把中国历史向前推动了一大步。由于时代条件和资产阶级的软弱，辛亥革命又是一次不彻底的革命，它没有完成反对帝国主义、反对封建主义的任务，没有给中国带来独立、民主和富强。它的胜利和失败，给此后的反帝反封建革命提供了经验教训，开辟了前进的道路。从这个角度说，中国共产党领导的新民主主义革命及其胜利，是与辛亥革命有关的，是辛亥革命的继续。

中国共产党领导的新民主主义革命把辛亥革命的成果发扬光大

辛亥革命后，军阀混战，国将不国。社会精英认识到，"十万头颅十万血，可怜购得假共和"，对辛亥革命的结果充满了失望。欧战爆发，中国是参战国，战争结束，中国的知识分子以为"公理可以战胜强权"，对1919年战胜国召开的巴黎和会抱有期望。但是在巴黎和会上，中国不仅得不到作为战胜国之一的权利，而且被战败国德国强迫拿去的山东、青岛的权利也不能收回，列强允许日本继承德国在山东的权利。中国知识分子和青年学生认识到，世界的局势不是公理战胜强权，而是强权战胜公理。这样，在辛亥革命后第八年，北京发生了五四运动，天安门广场上收回青岛、收回山东的怒吼传遍全国。辛亥革命未能解决的中国前途问题，只能由中国共产党承担了。辛亥革命后第九年，五四运动后一年，中国的第一批年轻的马克思主义者在北京、上海、武汉、广州、济南先后成立了共产党的组织；辛亥革命后第十年，五四运动后第二年，中国共产党在上海召开了第一次全国代表大会。

此后，中国的历史发生了不同于辛亥革命的重大转变，也是从旧民主主义革命向新民主主义革命的转变。所以说中国共产党领导的革命是辛亥革命的继续，是有坚实的历史根据的。

新中国成立以来，除了 1951 年、1971 年特殊的历史背景以外，凡是辛亥革命和孙中山生辰的逢十纪念，党和国家都是以最高规格举行纪念大会。这样的大会总共进行了十多次。所谓最高规格，是指党和国家的最高领导人或者全部出席，或者大部分出席；党和国家主要领导人发表重要讲话，《人民日报》发表专题社论。这就是说，每逢十年一次举行的纪念辛亥革命或者孙中山的活动，是全国重要的政治活动，是全国政治生活中的大事。像这样 60 多年一贯进行的政治生活中的大事，只有中华人民共和国国庆、中国共产党生日可以与之相比拟。

为什么党和国家这样重视纪念辛亥革命呢？这是由中国共产党人的历史观决定的。马克思主义的唯物史观是共产党人观察历史发展进程的指导思想。正是依据这一思想，确认辛亥革命是近代中国历史前进的代表性事件。

辛亥革命的前辈们为了推翻清王朝反动、腐朽的统治，而不屈不挠奋斗的革命精神，孙中山为了振兴中华，推进中国现代化的努力，正是新中国在推进社会主义现代化建设中需要借鉴的精神。

纪念辛亥革命还有一个现实的理由，就是实现中华民族的最广泛的大团结，完成祖国统一，建设统一、民主、富强的社会主义祖国。把纪念辛亥革命和祖国统一的现实任务紧密结合起来，和建立中华民族最广泛的爱国统一战线联系起来，这是现实的政治需要，这就是现实的政治。这样，我们就理解了为什么纪念辛亥革命、纪念孙中山是全国重要的政治活动，是全国政治生活中的大事。同时，我们更加理解了，辛亥革命不仅仅是 20 世纪初期中国的一次革命运动，一次重大的政治事件。这样的一次革命运动，这样的一次重大政治事件，以其本身的魅力影响了整个 20 世纪中国的历史进程，积淀了近代以来中华民族的革命传统和文化传统，成为团结和凝聚中华民族力量的一个重要源泉。由辛亥革命所凝固起来的这样的民族精神是永远需要发扬的！

社会主义道路是历史的选择

一个有趣的现象：1912 年孙中山解除临时大总统的职位后，立即在各种场合大谈中国的社会主义发展前途问题。孙中山多次说过，他所主张的民生主义就是社会主义。但他于 1912 年 7 月在上海对中国社会党的长篇演说，却通篇只讲社会主义，不讲民生主义。更为有趣的是，在此后孙中山的经历中，差不多每遇到一次失败后，就要谈一次社会主义。1924 年在改组中国国民党的过程中，他曾反复强调社会主义、共产主义是中国历史发展的归宿。我们从《孙中山全集》中可以读到这方面的许多文字。

孙中山出身农民家庭，幼年参加农业劳动，从小培植了对劳动人民的深刻同情。他遍游欧美，看到发达资本主义国家劳资间的斗争状况和社会主义运动的兴起，希望在中国避免资本家专制的流弊。他在晚年提出耕者有其田、节制资本的主张，就是试图在中国探索非资本主义道路的可能性。孙中山的社会主义虽然与科学社会主义有本质区别，但他崇拜马克思和马克思主义，他的思想主张在一定程度上受到科学社会主义的影响，是肯定无疑的。他强调共产主义是人类的最高理想，共产主义是社会主义的上乘，民生主义就是社会主义，就是共产主义。他相信，中国社会将来也要发展到共产主义去，虽然那是遥远的事。俄国十月革命后，孙中山主张"以俄为师"，甚至希望在中国不再建立英、美那样的资产阶级共和国，而是建立像苏俄那样的人民共和国。

辛亥革命的失败，推动孙中山去探索中国社会的发展新道路。我们说社会主义是中国历史的选择，并不单指中国共产党人而言，也包括孙中山在内的一批与时俱进的革命者，都曾不同程度地考虑、宣传、呼吁过中国的社会主义发展前途问题。今日中国社会的发展，是百余年来尤其是辛亥革命以来千百万志士仁人奋斗的结果。

孙中山的社会政治理想，在辛亥革命以后，不仅北洋军阀未能实现，国民党政府也未能实现。1949 年，中共在全国执政以后，中国彻底摆脱了半殖民地半封建社会，才有条件实现孙中山提出的耕者有其田和节制资本的主张，才有可能开展大规模的现代化建设事业。美国著名中国近代史学者韦慕庭在其所著《孙中山——壮志未酬的爱国者》一书末章写下的最后一句话是："孙中山为中国谋求解放的梦想，只是在半个世纪后才逐步实现的。"这确是正确的结论。孙中山对社会主义的憧憬，在今日已成为现实。中国人民经过 60 多年的摸索和奋斗，社会主义制度已经在中国扎下了根。说只有社会主义能够救中国，只有社会主义能够发展中国，绝不是一句空话，它是从近代中国的历史发展过程中概括出来的，有着深刻的历史内涵。中国今天实行的社会主义市场经济制度和中国特色的社会主义体制所形成的中国道路，已经大大超越了孙中山和辛亥革命先辈的理想，在经济发展总体上已经达到世界第二位，这是孙中山和辛亥革命先辈难以想象的。可见，中国共产党不仅继承了辛亥革命和孙中山的事业，而且大大发展了辛亥革命和孙中山的理想。

在以习近平同志为核心的党中央带领下，中国人民正在为实现"两个一百年"的目标而努力奋斗。中华民族伟大复兴的梦想，正是鸦片战争以来中国人的梦想，也正是辛亥革命那一代人的梦想，当然也是中国共产党人和所有中国人的梦想。在纪念孙中山诞辰 150 周年、辛亥革命 105 周年和中共建党 95 周年之时，我们越发感到复兴中华民族的梦想已经在望了！越是在这样的时候，我们越应牢牢记住和纪念这几个重大节日。

从货币金融史中汲取智慧 *

货币金融史是我国经济史特别是近代经济史的重要分支学科。总结以往货币金融史研究成果，进一步加强这方面学术研究，对于推动中国近代经济史研究、中国近代史研究显然大有益处，对于加强当前的金融工作也大有益处。

货币、金融的出现是人类文明发展史上的标志性事件。马克思说："货币作为价值尺度，是商品内在的价值尺度即劳动时间的必然表现形式。"商品、货币、金融是随着生产力的不断发展而发展起来的。货币作为物的等价物的出现，有利于生产资料和生活资料的流通，有利于经济社会发展。中国早在南北朝时期便出现了质库，这是抵押贷款的先声。明末清初，在中国资本主义萌芽时期，钱庄、票号等金融机构渐次兴起。中国传统金融机构在儒家文化浸染下，恪守"仁义礼智信"经营准则，创造了那个时

＊ 本文原载于《人民日报》2017 年 12 月 4 日第 7 版。

代的金融文化。中国传统金融机构主要依靠借贷双方信守承诺，活跃于中国自然经济舞台达数百年之久，直到近代才在西方银行金融体系冲击下黯然退场。中国传统金融机构的诚信精神保证了义利关系的平衡，推动了商品流通。这样的历史经验，值得货币金融史学者去研究和总结。

货币、金融与实体经济失去平衡的情况在历史上时有发生。中国进入近代后，中国社会受到西方政治、经济、军事、文化的侵略，外国银圆的流入以及中国货币铸造权的下移、纸币的滥发，使得中国市场货币流通种类高达上百种，导致货币流通的混乱。这种情况一旦变得严重，货币、金融与实体经济失去平衡，对国家经济、政治的冲击是不可轻估的。这种严重情况，在近代中国至少出现过两次。

在清末，外国银行不仅经营对清政府的各种贷款，而且操纵中国外汇市场，使大量外国银圆流入中国。外国银行还大量发行纸币，直接控制中国金融业。据学者估计，1910 年中国市场上流通的货币总量为 25 亿元，其中外国银圆有 11 亿元，外国钞票有 3 亿元，两者合计占中国货币总量的 56%。大量外国货币在中国市场流通，严重冲击中国金融市场。1908 年，在上海竟然发生外商银行联合抵制中国钞票的事件，"喧宾夺主，实足骇人听闻"。清政府试图在取缔中国商号发行纸币的同时，限制外国银行发行纸币，最终没有成功。在这样的金融市场背景下，1910 年上海发生金融危机，这场危机当时被称为"橡胶股票风潮"。这场金融危机表明清政府无力管理金融市场，导致金融脱离实体经济，严重冲击了金融市场与实体经济之间的平衡，社会陷入混乱。上海出现金融危机之后的第二年即1911年，就发生辛亥革命。辛亥革命的发生当然有非常复杂的原因，但此次金融危机究竟起了多大作用是值得研究的。

1948年国民党在大陆垮台前夕，一场币制改革引发的金融风暴成为推倒国民党在大陆统治地位的重要原因之一。国民党发动内战后，不仅失去人心，而且军事失利，控制地域缩小，物资产出减少，但货币发行大量增加，财政金融形势不断恶化。国民党政府开支几乎全靠印钞票，法币面值最高已达500万元，从而刺激物价持续走高，每天甚至每小时都在变化。1948年1月，米价每石150万元，8月中旬攀升到5833万元。1948年8月，国民党政府实行币制改革，以金圆券兑换法币，结果金融市场一片混乱，物价猛涨，金圆券信用极差，一些地区已视金圆券为废纸。这个币制改革失败的案例，也是货币、金融脱离实体经济的典型案例，非常值得货币金融史学者去研究。

研究货币金融史可以发现，如果货币、金融只追求利润，而忘记为实体经济服务的宗旨，那就失去了意义。义并不反对利，但只有义利关系取得平衡，经济社会才能平稳发展，否则就会出现危机。无论是1997年亚洲金融风暴，还是2008年美国次贷危机引发的国际金融危机，都是货币、金融领域失去义利平衡的表现。历史启示我们，金融是实体经济的血脉，为实体经济服务是金融的天职。

史学在建设社会主义现代化强国中大有可为[*]

习近平总书记在党的十九大报告中提出分两步走建成社会主义现代化强国的新目标：从二○二○年到二○三五年，在全面建成小康社会的基础上，再奋斗十五年，基本实现社会主义现代化；从二○三五年到本世纪中叶，在基本实现现代化的基础上，再奋斗十五年，把我国建成富强民主文明和谐美丽的社会主义现代化强国。把我国建成社会主义现代化强国，这是中国共产党人的奋斗目标。早在 1956 年，毛泽东同志在《纪念孙中山先生》一文中就曾指出："一九一一年的革命，即辛亥革命，到今年，不过四十五年，中国的面目完全变了。再过四十五年，就是二千零一年，也就是进到二十一世纪的时候，中国的面目更要大变。中国将变为一个强大的社会主义工业国。""中国应当对于人类有较大

＊ 本文原载于《人民日报》2017 年 12 月 11 日第 20 版。

的贡献。"毛泽东同志的这一预言早就实现了。现在，习近平总书记基于中国特色社会主义历史、中国历史、世界历史的发展趋势，提出把我国建成社会主义现代化强国的新目标。实现这一新目标，无疑将成为中华人民共和国历史、中华民族历史、世界社会主义发展历史上的重要里程碑，社会各界都应为之不懈努力。我国史学界应坚持唯物史观，讲清楚历史的来路和去向，为建设社会主义现代化强国提供历史智慧和精神动力。

资政育人是我国史学的优良传统

过往的一切都成为历史，历史研究是一切社会科学的基础。历史研究是往回看的，但是任何时代的任何历史研究都是站在现实社会基础上往回看的。这决定了历史研究者在研究历史问题时，总是不可避免地带着现实的眼光，一般都希望自己的研究成果会对现实社会发展起到推动作用。虽然我们不排除也不否定一些人喜欢钻进故纸堆里吟风弄月，把历史研究与现实社会完全分开，但这样的历史研究者毕竟只是少数。所以，从这个意义上说，历史研究是用来资政育人的，资政育人是历史研究的题中应有之义，也是史学的主要社会功能。古往今来任何一部有价值的历史著作，都是研究过往、观照未来，都是希望对现实社会产生作用：或者是提醒今人少走弯路，或者是希望借鉴历史经验走向光明未来。这就是我们常说的"以史为鉴"。脱离现实社会的历史研究是没有前途的，是不为社会所重视的。"历史无用论"的盛行往往都是因为某一时期历史研究脱离了现实社会。

资政育人是我国史学的优良传统。"孔子成《春秋》而乱臣贼子惧",开了私人著史为现实服务的先河。司马迁作《史记》,是为了"究天人之际,通古今之变"。《史记》可以看作汉代的中国通史,奠定了中国古代史学发展的基础。"究天人之际,通古今之变"明确了《史记》的资政性质。北宋司马光坚持"专取关国家盛衰,系生民休戚"的撰述主旨,修撰了《资治通鉴》这样一部编年体中国通史,希望"鉴于往事,有资于治道",书名就非常鲜明地表达了该书的资政性质。历史研究"有资于治道",这是所有历史研究者都不能忽视的。

马克思主义传入中国后,我国许多历史学家以唯物史观为指导开展历史研究,资政育人仍是重要目的。如著名历史学家郭沫若、范文澜在马克思主义理论指导下,用唯物史观研究中国历史,探寻中国历史发展规律,力图对人们的历史认识起到指导作用,为中国社会发展提供借鉴。

习近平总书记指出:"世界的今天是从世界的昨天发展而来的。今天世界遇到的很多事情可以在历史上找到影子,历史上发生的很多事情也可以作为今天的镜鉴。重视历史、研究历史、借鉴历史,可以给人类带来很多了解昨天、把握今天、开创明天的智慧。所以说,历史是人类最好的老师。"历史知识的积累、历史规律的探寻,对人们世界观、人生观、价值观的形成具有十分重要的作用,对人们从事社会活动具有十分重要的指导意义。今天,我们即将踏上建设社会主义现代化强国的新征程,史学应更好发挥资政育人作用，为人们提供更多了解昨天、把握今天、开创明天的智慧。

史学要为建设社会主义现代化强国贡献智慧

习近平总书记指出，中国特色社会主义道路是在改革开放 30 多年的伟大实践中走出来的，是在中华人民共和国成立 60 多年的持续探索中走出来的，是在对近代以来 170 多年中华民族发展历程的深刻总结中走出来的，是在对中华民族 5000 多年悠久文明的传承中走出来的，具有深厚的历史渊源和广泛的现实基础。在党的十九大报告中，习近平总书记提到鸦片战争以来的中国近代史，提到中国共产党成立以来的奋斗史，还提到中国的历史文化传统。这些重要论述都表明，认识中国特色社会主义必须有历史眼光、历史思维，建设社会主义现代化强国也必须有历史眼光、历史思维。

建设社会主义现代化强国，必须坚持正确道路，这条道路就是中国特色社会主义道路，历史研究要深化对这条道路的研究。鸦片战争以后，中国人饱受西方列强的侵略，各种政治力量都在不同历史时期寻求解救之方，但各种尝试都以失败告终。只有当中国的先进分子接受了马克思主义理论，中国社会才结束了向下"沉沦"的趋势，迎来向上发展的光明前途。新文化运动、五四运动、中国共产党成立及其以后的一系列事件，画出中国社会"上升"的历史轨迹。新中国成立后，中国走上社会主义道路。中国是在苏联已经建立社会主义社会的大背景下进入社会主义社会的，但中国共产党对社会主义如何在中国生根、发展并没有照搬苏联的模式，而是结合中国国情和历史特点进行探索。改革开放后，中国共产党带领中国人民开辟了中国特色社会主义道路，使中国大踏步赶上时代。近代以来中国历史发展蕴含的历史规律是很值得深入研究的，把这个历史过程研究透，我们才能清楚自己是怎样一步步走过来的，才能进一步坚定中国特色社会主义道路自信、理论自信、制度自信、文化自信。

中国特色社会主义最本质的特征是中国共产党领导，中国特色社会主义制度的最大优势是中国共产党领导。只有在中国共产党的领导下，才能建成社会主义现代化强国。中国共产党是在与近代中国各个政党的竞争中显示出自己无与伦比的政治优势从而脱颖而出的。中国共产党在历史上也犯过错误，但总是自己来纠正错误，在总结历史经验中找到正确发展方向，赢得人民群众的拥护和支持。中国共产党之所以具有无与伦比的政治优势，主要是因为中国共产党没有自身的利益，以人民的利益为利益，这是其他政党不能比的。习近平总书记指出："中国共产党人的初心和使命，就是为中国人民谋幸福，为中华民族谋复兴。这个初心和使命是激励中国共产党人不断前进的根本动力。"历史研究要把这个问题作为重大问题进行深入研究，通过历史研究把历史选择了中国共产党、人民选择了中国共产党这个道理讲清楚。建设社会主义现代化强国需要进行伟大斗争，这个伟大斗争就包括旗帜鲜明反对和抵制歪曲、丑化、否定党的历史、中华人民共和国历史、人民军队历史、党的领袖等言行，这更需要史学发挥自己的作用。

建设社会主义现代化强国，需要立足中国大地。中国5000多年的悠久历史给我们留下许多优秀传统文化。儒家、道家、法家等都有许多治国理政的思想精华，有些政治家、思想家也留下许多关于治国理政的精彩之论。中国历史上大一统的思想和政治传统、各民族交往交融的历史经验，今天依然值得我们借鉴。中国历史上的一些优秀传统，使我们在面对近代殖民主义、帝国主义侵略时，可以长久支撑、不屈不挠，汲取新知、革故鼎新，终于改变了近代中国社会向下"沉沦"的屈辱局面，迎来中国共产党成立后中国社会的"上升"趋势。这些历史经验都是值得研究和总结的，对于建设社会主义现代化强国也具有重要借鉴意义。

到本世纪中叶把我国建成富强民主文明和谐美丽的社会主义现代化强国，这是一个宏伟的远景发展目标。实现这一目标，国家将远超汉唐、无论康乾。在这样的时代号角鼓舞下，历史学家要依靠自己的专业素养推出有价值的研究成果，为实现这一宏伟目标作出自己的努力。

抓住重要节点深化历史研究

史学为建设社会主义现代化强国贡献智慧是具体的，尤其要抓住重要节点深化历史研究，推出一批重要成果。

2018年是中国改革开放40周年，史学界应推出《中国改革开放四十年史》这样的著作，用史实深入阐述中国特色社会主义道路、理论、制度、文化，帮助人们进一步坚定道路自信、理论自信、制度自信、文化自信。

2019 年是新中国成立 70 周年，史学界应推出《中华人民共和国七十年史》这样的专著，用翔实的历史资料论证新中国从站起来、富起来到强起来的光辉历程，论证中国共产党的领导、中国特色社会主义的发展是新中国 70 年取得辉煌成就的根本原因。还可以进一步开阔眼界，把新中国 70 年历史与苏联历史进行比较研究，深化对中国特色社会主义的认识。

2021 年是中国共产党成立 100 周年，史学界应推出《中国共产党百年奋斗史》这样的著作，用史实阐明中国共产党的百年华章。尤其要深入研究中国共产党是如何把马克思主义基本原理同中国具体实际相结合、实现马克思主义中国化的历史性飞跃的，中国共产党是如何在科学社会主义指导下探索中国特色社会主义道路的。把这些讲清楚了，就把中国选择社会主义、选择中国共产党的道理讲清楚了。

2049 年是中华人民共和国成立 100 周年，史学界应从现在起就下功夫收集积累史料，准备撰写《中华人民共和国百年史》这样的重要著作，除了阐述中华人民共和国自身的历史特点，还要阐述中国历史几千年的发展特点，还可以与欧洲历史的发展特点进行比较。通过这样的比较研究，人们不仅对中国历史有更深刻的认识，还对世界历史有更深刻的认识、对社会主义有更深刻的认识。

习近平总书记指出："只有以我国实际为研究起点，提出具有主体性、原创性的理论观点，构建具有自身特质的学科体系、学术体系、话语体系，我国哲学社会科学才能形成自己的特色和优势。"史学为建设社会主义现代化强国贡献智慧，有利于在研究中提炼富有中国历史文化特点的概念和话语体系，为世界贡献更多中国智慧。这是我国史学发展的契机，我们应紧紧抓住。

把握新时代我国史学发展的关键[*]

习近平总书记在致信祝贺中国社会科学院中国历史研究院成立时，强调历史研究是一切社会科学的基础，并希望广大历史研究工作者"总结历史经验，揭示历史规律，把握历史趋势，加快构建中国特色历史学学科体系、学术体系、话语体系"。加快构建中国特色历史学学科体系、学术体系、话语体系，是新时代我国史学发展的关键，是新时代赋予广大历史研究工作者的重大使命。完成这一重大使命，需要从以下几个方面着力。

坚持以科学理论为指导。加快构建中国特色历史学学科体系、学术体系、话语体系，必须坚持以马克思主义为指导。近代以来，西方学者在史学方面有很强的话语权，并不断把自己的话语体系向外输出。西方学者提出的概念、理论我们可以参考，但切不可作为自己研究的准绳。我国史学发展要始终坚持以马克思主义为

脚注

＊ 本文原载于《人民日报》2019 年 4 月 1 日第 9 版。

指导，植根于我国史学丰富的理论和实践。

深入研究我国优秀历史文化传统。中华民族 5000 多年文明史给我们留下许多优秀历史文化传统。2000 多年前，儒家、道家、法家等各个思想流派相互切磋、相互激荡，形成了百家争鸣的文化大观，留下许多思想精华。一些政治家、思想家对治国理政作出许多精彩论述，至今仍有重要价值。中国历史上大一统的思想和政治传统、各民族交往交流交融的历史经验，对今天国家发展仍具有重要借鉴意义。深入研究我国优秀历史文化传统，总结历史经验，对于加快构建中国特色历史学学科体系、学术体系、话语体系具有重要意义。

不断丰富学科概念和理论。我国历史研究工作者在研究历史时所坚持的概念和理论，如马克思主义社会形态学说、中国文明起源、中华民族在长期历史进程中的民族交往交流交融等，都要继续坚持和发扬。就中国近现代史研究而言，要坚持诸如半殖民地半封建社会、反帝反封建、旧民主主义革命和新民主主义革命、旧三民主义和新三民主义、民族资本主义和官僚资本主义等科学概念，通过大量史料进一步论证和丰富这些概念；同时要对诸如社会主义初级阶段、中国特色社会主义、人民代表大会制度、协商民主、民族区域自治以及社会主义市场经济体制等政治、经济术语进行严谨的历史学论证，使之成为历史学学术话语。只有不断丰富学科概念和理论，我国史学研究才不会跟在西方学者后面亦步亦趋。

努力推出重要史学著作。重要史学著作应是符合新时代要求的奠基性史学著作。我国史学的专题研究已经具有雄厚基础，可以在此基础上加以概括、提炼，形成体现我国学者集体智慧的大型综合性著作。今天，重新编写中国通史的条件已经成熟。这些大型著作的编撰，是构建中国特色历史学学科体系、学术体系、话语体系的重要载体，是我国史学发展的标志性成果。

大力培养史学大家。加快构建中国特色历史学学科体系、学术体系、话语体系，不缺专家，但缺乏战略思想家型的史学大家。史学大家要善于以马克思主义为指导，在历史学学科体系上作出创造性思考，提出引领历史学发展的重要学术概念，创新学术话语体系。新时代我国史学要发展和繁荣，历史研究要达至"究天人之际，通古今之变"的理想境界，需要在培养一批史学大家方面作出更大努力。

守正创新　资政育人 *
——新中国 70 年历史学的繁荣发展

1949 年 10 月 1 日中华人民共和国成立，开启了中华民族历史新纪元，也使我国哲学社会科学发展站到了新的历史起点上。70 年来，我国历史学适应新中国发展的需要，牢固树立唯物史观，不断推进学术创新，取得丰硕研究成果，为推动实现中华民族伟大复兴发挥了作用、作出了贡献。

唯物史观的确立翻开我国历史学新篇章

五四运动以后，唯物史观的基本观点一直在影响着我国学术界、史学界，但新中国成立前，唯物史观在历史学领域不占主流地位。新中国成立后，从旧中国走过来的许多历史学家开始认真

＊ 本文原载于《人民日报》2019 年 6 月 17 日第 9 版。

学习新理论、吸收新知识、改造旧史观，唯物史观的指导地位在我国历史学研究中得到确立。

20世纪50年代，我国广大历史研究工作者在广泛的学术研究和讨论中，积极学习马克思主义理论、唯物史观，探讨中国历史发展的特点和规律。在中国史领域，关于古史分期、中国近代史分期、封建土地所有制、资本主义萌芽、农民战争、亚细亚生产方式、中国封建社会长期延续、阶级斗争与历史主义、民族英雄与爱国主义、历史人物评价等问题，都曾经引起热烈的学术争鸣。这些争鸣都是从唯物史观出发提出的关于中国历史研究的重大课题，涉及如何根据马克思主义社会形态学说研究中国历史分期、如何用阶级观点分析中国历史上的阶级斗争、如何认识人民群众是历史的创造者以及杰出人物的历史地位等。比如，关于中国历史分期，主要讨论中国的封建社会何时开始。不管是提出西周封建说、春秋战国之交封建说，还是提出魏晋封建说，都是从如何理解马克思主义社会形态学说出发的。相关争鸣大都引用马克思主义经典著作、依据中国历史典籍，在引经据典中展开自己的分析，各自立说。这些历史问题本身就极为复杂，不同学者对马克思主义理论的学习和理解程度不同，对中国古代典籍的理解程度也不一样，形成不同的认识是很自然的。关于中国近代史和中国现代史分期的热烈讨论，源于胡绳1954年在《历史研究》创刊号上发表的《中国近代历史的分期问题》，相关讨论持续3年之久。这次讨论对于中国近代史学界学习马克思主义基本理论和唯物史观、认识近代中国历史的基本线索，产生了很大的推动作用。

这些关于历史专门问题的研究与争鸣，实际上都是新中国成立后关于马克思主义基本理论、关于唯物史观的大学习、大讨论。争鸣之中或许有偏颇，但这种通过史学争鸣学习马克思主义基本理论和唯物史观的方法效果十分明显，一大批历史研究工作者迅速成长起来。在这个时期，老一辈史学家推出了不少重要研究成果，如郭沫若的《奴隶制时代》、范文澜的《试论中国自秦汉时成为统一国家的原因》、李亚农的《中国的奴隶制与封建制》。一大批年轻的史学家也推出了一批有影响的研究成果，如刘大年的《论康熙》、丁名楠等的《帝国主义侵华史》等。

新中国成立后，历史学研究机构的健全是我国历史学不断发展的重要基础。中国科学院成立后，其所属的近代史研究所、考古研究所、历史研究所、世界历史研究所等研究历史的专业学术机构先后建立起来，经济研究所、文学研究所、哲学研究所、民族研究所等也都有专门研究历史的研究组。一大批专门从事历史研究的老中青学者聚集到这些研究机构，形成了我国历史学研究的专业队伍。1977年5月，党中央决定把中国科学院设置的哲学社会科学部独立出来，建立中国社会科学院，隶属中国社会科学院的四个历史方面研究所的队伍迅速扩大，后来还成立专门研究我国边疆地区历史的机构——边疆史地研究中心，现在已经发展为边疆研究所。中国社会科学院成立后，各地都成立了社会科学院，都设有专门研究历史的机构。在高校，综合大学和师范院校普遍设立了历史系（院）。高校历史学教师不仅担负教学任务，大部分教师还承担科研任务，极大推动了历史学的繁荣。此外，党校系统、军队系统、地方志系统等也都设有研究历史的机构。

发起于 1949 年 7 月、正式成立于 1951 年 7 月的中国史学会，为团结全国史学界、推动我国历史学发展做了很多工作。从 20 世纪 50 年代开始，中国史学会组织编辑大型中国近代史料，陆续出版了由各方面专家主持编辑的近代史系列资料。

我国历史学在改革开放中不断迈上新台阶

党的十一届三中全会以后，我国历史学得益于改革开放的时代大潮，在各个方面都实现了迅速发展，可谓根深叶茂、史苑繁荣。

改革开放后，我国历史学的各个领域，无论是中国古代史、中国近代史、中国现代史、中共党史还是世界史、史学理论研究，都呈现繁花似锦的局面，各个领域都有代表性著作问世。至于各具体领域的学术论文和学术专著，更是不胜枚举。政治、经济、社会、思想文化、对外关系、法律、军事、民族、生态环境、灾害与救灾等领域，都有大量论著问世。以中国通史方面的研究成果为例，就有范文澜、蔡美彪等著的《中国通史》十卷，郭沫若曾任主编后由编写组完成的《中国史稿》七卷，白寿彝总主编的《中国通史》十二卷，林甘泉等主编的《中国经济通史》九卷，龚书铎总主编的《中国社会通史》八卷，郑师渠总主编的《中国文化通史》十卷等。

这一时期我国历史学的发展成就，还体现为在许多重大问题上有了新突破。比如，改革开放后学者们根据大量考古发掘成果，并结合文献史料研究，推动中华文明起源研究取得亮眼成绩。一些学者根据黄河流域、长江流域以及辽河流域的考古发现，把中华文明起源概括为"多元起源，中原核心，一体结构"，得到许多学者的认同。再如，中国近代史、中国现代史的学科概念发生重要变化。按照马克思主义社会形态学说，把半殖民地半封建社会时期的中国历史作为中国近代史，新中国成立后的中国历史作为中国现代史。还如，我国学者在创建世界历史研究的学科体系方面有了明显进展。吴于廑提出世界历史的纵向发展"是指人类物质生产史上不同生产方式的演变和由此引起的不同社会形态的更迭"，而横向发展"是指历史由各地区间的相互闭塞到逐步开放，由彼此分散到逐步联系密切，终于发展成为整体的世界历史这一客观过程而言的"，这一观点产生了重要影响。

改革开放使我国历史研究工作者与其他国家历史学者有了广泛接触，各种国际性学术讨论对于我国历史学发展起到重要推动作用。中国史学会代表团出席了 1980 年及以后历届国际历史科学大会，2015 年还在山东济南成功举办了第二十二届国际历史科学大会。改革开放后国家建立学位制度和博士后研究制度，培养了大量具有相当学术基础的历史学硕士、博士和博士后研究人员，满足了党和国家事业发展对史学人才的需求，也为历史学研究队伍补充了新鲜血液。

改革开放以来，我国历史学之所以能取得丰硕研究成果，一个重要原因就是党和国家事业的快速发展为历史学发展提供了强大支撑，国家综合国力的增强使包括历史学在内的哲学社会科学各学科都从中受益。比如，20世纪90年代初成立国家社会科学基金，基金总额逐年扩大，历史学每年都有数以百计的项目获得资助。国家还实施了一系列支持历史学发展的重大工程，如夏商周断代工程、中华文明探源工程、国家清史纂修工程、抗日战争研究专项工程等。这些工程的启动和推进，对于历史学相关领域的研究起到了重要推动作用。例如，2002年国家启动清史纂修工程，集合政治史、军事史、边疆史、民族史、经济史、科技史、文学史、文化史等领域的老、中、青三代清史专家共襄盛举。在清史纂修过程中，还整理了数量庞大的档案史料和文献资料，编纂出版了"档案丛刊""文献丛刊""研究丛刊""编译丛刊""图录丛刊"等。大量档案史料和文献资料整理出版，为学者们的研究提供了极大方便，对于培养青年历史研究工作者也起到了重要作用。如果没有国家强大实力的支撑，这些重大工程是很难开展的。

为构建中国特色历史学不懈努力

党的十八大以来，以习近平同志为核心的党中央高度重视历史研究。习近平主席在致第二十二届国际历史科学大会的贺信中指出，"历史研究是一切社会科学的基础，承担着'究天人之际，通古今之变'的使命"，强调"重视历史、研究历史、借鉴历史，可以给人类带来很多了解昨天、把握今天、开创明天的智慧"。2019 年 1 月，习近平总书记在致信祝贺中国社会科学院中国历史研究院成立时，希望广大历史研究工作者要"总结历史经验，揭示历史规律，把握历史趋势，加快构建中国特色历史学学科体系、学术体系、话语体系"，要"立时代之潮头，通古今之变化，发思想之先声，推出一批有思想穿透力的精品力作"，要"充分发挥知古鉴今、资政育人作用"。贯彻落实习近平总书记这些重要指示精神，关键是加快构建中国特色历史学学科体系、学术体系、话语体系。这是新时代我国历史学发展的关键，是新时代赋予广大历史研究工作者的重大使命。

改革开放以来，历史学研究的各个领域大量翻译、引进西方历史学的理论研究成果，在研究历史时借鉴西方史学理论，开展对西方史学理论的学术研究和评论。这种引进和借鉴，对于打开我国历史研究工作者的眼界、拓展我国历史学研究领域、丰富我国历史学研究方法是有好处的。西方学者提出的概念、理论我们可以参考，但切不可作为自己研究的准绳。我国历史学发展要始终坚持以马克思主义为指导，坚持唯物史观，植根于我国史学丰富的理论和实践。这是加快构建中国特色历史学学科体系、学术体系、话语体系的必然要求。

新时代坚持和发展中国特色社会主义对历史学发展提出了新要求。我国历史研究工作者绝不能辜负党和人民的期望，要在构建中国特色历史学学科体系、学术体系、话语体系上不断取得新进展。努力探究中国历史发展的特点，探究中华文明与其他文明究竟有何相同、有何不同，探究中国历史发展的内在逻辑，通过历史研究为我们坚定道路自信、理论自信、制度自信、文化自信提供根据。我们要在今天的时代背景下"究天人之际，通古今之变"，写出具有中国特色、中国风格、中国气派的中国通史、世界通史。

中华民族迈向伟大复兴的光辉历程 *

在庆祝中华人民共和国成立 70 周年大会上的讲话中，习近平总书记指出，70 年前的今天，毛泽东同志在这里向世界庄严宣告了中华人民共和国的成立，中国人民从此站起来了。这一伟大事件，彻底改变了近代以后 100 多年中国积贫积弱、受人欺凌的悲惨命运，中华民族走上了实现伟大复兴的壮阔道路。经过新中国 70 年砥砺奋进，中国发生了天翻地覆的巨大变化，中华民族迎来了从站起来、富起来到强起来的伟大飞跃，前所未有地迎来了实现伟大复兴的光明前景。

中华民族开启了发展进步的新纪元

新中国的成立标志着近代中国反帝反封建斗争的最后胜利，

＊ 本文原载于《光明日报》2019 年 12 月 11 日第 11 版。

是近代中国历史上一个具有伟大历史意义的里程碑，是中华 5000 多年历史的一个伟大的里程碑。它结束了鸦片战争以来中国半殖民地半封建社会的历史，结束了 2000 多年封建专制制度的历史，结束了极少数压迫者、剥削者统治广大劳动人民的历史，结束了国家四分五裂、征战不已、人民生活贫困、生灵涂炭的局面。中国人民从此站起来了，中国人民从此把命运牢牢掌握在自己手中，中华民族发展进步从此开启了新纪元。

回顾中国近代史不难发现，从 1840 年到 1949 年这 100 多年间，中国的现代化是屡遭挫折的、扭曲的，屡次失去发展的机遇。现代工业只是星星点点地分布在若干城市。新中国成立之前，中国工业产值占国民经济总产值的比例很低，中国仍然是一个传统的农业大国。而中国真正走上现代化的发展道路，并且改变传统农业大国的地位，是在新中国成立之后。

早在新民主主义革命时期，以毛泽东同志为主要代表的中国共产党人就制定了新民主主义的三大经济纲领：没收封建地主阶级的土地归农民所有，没收官僚垄断资本归国家所有，保护民族工商业。1949 年 10 月中央人民政府甫一成立，就立即实施没收官僚资本为人民的国家所有，并于 1949 年底基本完成。对于在华外国资本企业，没有采取直接没收的政策，而是首先废除了外国资本企业依据不平等条约所享有的经济特权，然后通过监督、管制、收购、征购等办法，妥善处理外国在华企业，到 1952 年底基本上清理了帝国主义在华的经济势力。新中国在这个基础上建立起强大的社会主义性质的国营经济，它形成了新生人民共和国的物质基础，成为走向社会主义社会的经济基础，是整个国民经济的引领力量。

完成土地改革是新中国成立之初的一项重大社会改革成就。1950年，中央人民政府颁布的《中华人民共和国土地改革法》指出："废除地主阶级封建剥削的土地所有制，实行农民的土地所有制，借以解放农村生产力，发展农业生产，为新中国的工业化开辟道路。"据1952年调查材料，新中国成立后，占农户总数不到7%的地主、富农占有总耕地的50%以上，而占全国农户57%以上的贫农、雇农仅占有耕地总数的14%。地主土地所有制是封建社会的经济基础，不破除地主土地所有制，不实行"耕者有其田"，民主革命的任务就不能完成，民主革命的下一步任务——社会主义的方向就难以达成。到1952年底，全国新解放区的土地改革基本完成，这是民主革命取得最后胜利的重要标志。土地改革完成后，农民成为新生的人民共和国的基本的支持力量。

新中国成立初期，千疮百孔，百废待举，巩固人民共和国政权的任务形势十分严峻。国民经济恢复面临很大难题，不法投机商人抢购物资、囤积居奇，造成物价飞涨，给国民经济的稳定与恢复造成了很大威胁。我们党采用行政、法律和市场手段，同上海、天津、武汉、广州等大城市的投机资本打了"银圆之战"和"米棉之战"，掌握了市场的主动权，从而结束了连续十几年物价暴涨的局面，赢得了全国人民的信任。与此同时，新中国还面临着美国侵略的严重威胁。1950年，美国趁朝鲜内战，组织"联合国军"侵略朝鲜，派第七舰队侵入台湾海峡。美军越过三八线，直逼中朝边境，严重威胁我国安全。毛泽东同志等党和国家领导人毅然决然地作出了抗美援朝的重大战略决策。经过两年多的顽强抗争，中国人民志愿军以英勇无比的战斗精神把美军逼到了谈判桌上。抗美援朝既是一场捍卫国家独立的正义战争，也是维护新生人民共和国安全的"立国之战"，它的胜利奠定了新中国的国际地位和发展基础。

土地改革、恢复国民经济、抗美援朝，都是在短短几年内完成的，使新中国度过了成立初期的困难，大踏步进入社会主义建设中。此后，我国实施了第一个五年计划，启动了一批大型建设项目，不仅初步奠定了社会主义中国的工业化基础，也标志着中国近代以来大规模现代化建设的真正开端。

中国实现了历史上最深刻最伟大的社会变革

新中国成立后，以毛泽东同志为主要代表的中国共产党人带领人民，在迅速恢复国民经济的基础上，不失时机提出了过渡时期总路线，对农业、手工业和资本主义工商业进行了社会主义改造，创造性地完成了由新民主主义革命向社会主义革命的转变，使中国这个占世界四分之一人口的东方大国进入了社会主义社会，成功实现了中国历史上最深刻最伟大的社会变革。新民主主义革命的胜利，社会主义基本制度的确立，为当代中国一切发展进步奠定了根本政治前提和制度基础。

在基本经济制度方面，新中国成立初期主要是借鉴苏联，实行计划经济和国有制。在借鉴过程中，毛泽东同志等领导人对中国实际做了大量调查研究，提出了自己的主张，这集中体现在毛泽东同志撰写的《关于正确处理人民内部矛盾的问题》《论十大关系》等重要文献之中。这些关于探索中国的社会主义道路的经验总结，反映了那个时期我们党在中国建设社会主义的理论思考。虽然我们党在探索中也犯过错误，但是正反两方面的经验，都加深了党和人民对中国走社会主义道路的认识，坚定了在社会主义道路上继续前进的信心。

在根本政治制度方面，社会主义政治制度保证了我国坚定地走社会主义的道路。在中国建立什么样的政治制度，是近代中国人民面临的一个历史性课题。1949 年 9 月召开的中国人民政治协商会议代行了全国人民代表大会的职权，代表全国人民的意志。会议通过的《共同纲领》规定了中华人民共和国的国家政权属于人民。人民行使国家政权的机关为各级人民代表大会和各级人民政府。1954 年召开的第一届全国人民代表大会，正式通过了《中华人民共和国宪法》，依法完成了《共同纲领》提出的政权机关的组成。这部宪法奠定了中华人民共和国政治制度的基础。在旧中国毫无政治地位的广大工农大众，第一次成了国家的主人，他们的代表加入各级政权机关，也成为各级人民代表构成中的主要成分。在政治制度的设计中，人民第一次成为国家的主人。人民代表大会制度，是中国人民在人类政治制度史上的伟大创造，是中国社会 100 多年激越变革、激荡发展的历史结果，是中国人民翻身作主、掌握自己命运的必然选择。正如习近平总书记指出的：

"事实证明，不触动旧的社会根基的自强运动，各种名目的改良主义，旧式农民战争，资产阶级革命派领导的民主主义革命，照搬西方政治制度模式的各种方案，都不能完成中华民族救亡图存和反帝反封建的历史任务，都不能让中国的政局和社会稳定下来，也都谈不上为中国实现国家富强、人民幸福提供制度保障。"

改革开放开辟了中国特色社会主义道路

1978 年 12 月召开的党的十一届三中全会，标志着我国社会主义和现代化建设进入了历史新时期。这个时期，以邓小平同志为主要代表的中国共产党人，团结带领全党全国各族人民，深刻总结我国社会主义建设正反两方面经验，借鉴世界社会主义历史经验，作出把党和国家工作中心转移到经济建设上来、实行改革开放的历史性决策，确立了社会主义初级阶段基本路线，明确提出走自己的路、建设中国特色社会主义，科学回答了建设中国特色社会主义的一系列基本问题，创立了邓小平理论，制定了到 21世纪中叶分三步走、基本实现社会主义现代化的发展战略，成功开创了中国特色社会主义。"走自己的路、建设中国特色社会主义"的重大命题，既坚持了科学社会主义的基本原则，又结合了中国的具体实际。这是中国在社会主义道路探索中十分关键的实践总结和理论升华，是对科学社会主义理论的重要贡献。在这样一个实践总结和理论升华指导下，才有了"一个中心、两个基本点"，才有了"发展是硬道理"，才有了公有制为主体、多种所有制经济共同发展，才有了社会主义市场经济的理论和实践等。在此基础上，以江泽民同志为主要代表的中国共产党人，加深了对什么是社会主义、怎样建设社会主义和建设什么样的党、怎样建设党的认识，积累了治党治国新的宝贵经验，形成了"三个代表"重要思想，成功把中国特色社会主义推向21世纪。以胡锦涛同志为主要代表的中国共产党人，深刻认识和回答了新形势下实现什么样的发展、怎样发展等重大问题，形成了科学发展观，成功在新的历史起点上坚持和发展了中国特色社会主义。

改革开放以来，我们党坚持政治体制改革与经济体制改革同时推进。我们推进政治体制改革，是要巩固党的领导，而不是削弱党的领导；是要加强人民代表大会制度，而不是削弱这个制度；是要更好发挥人民政协的作用，而不是削弱这个作用。中国的政治体制改革必须既积极又稳妥，更好发挥全体人民坚持和发展中国特色社会主义的积极性、主动性、创造性。

中国特色社会主义道路的开辟，使中华民族伟大复兴行进在一条广阔的康庄大道上。改革开放40多年来，我国不但在经济建设、政治建设上取得了伟大成就，而且在文化建设、社会建设、生态文明建设等各个领域都取得了伟大成就。需要明确的是，中国共产党是中国特色社会主义事业的坚强领导核心，是最高政治领导力量。党政军民学，东西南北中，党是领导一切的。历史证明，没有中国共产党自身的坚强有力，谋划长远，统筹国内国际大局，中华民族的伟大复兴是没有希望的。习近平总书记强调："中国共产党的领导是中国特色社会主义最本质的特征。没有共产党，就没有新中国，就没有新中国的繁荣富强。坚持中国共产党这一坚强领导核心，是中华民族的命运所系。"

中华民族迎来了实现伟大复兴的光明前景

党的十八大以来，以习近平同志为核心的党中央团结带领全党全国各族人民，全面审视国际国内新形势，深刻回答了新时代坚持和发展什么样的中国特色社会主义、怎样坚持和发展中国特色社会主义这个重大时代课题，形成了习近平新时代中国特色社会主义思想，坚持统筹推进"五位一体"总体布局、协调推进"四个全面"战略布局，坚持稳中求进工作总基调，对党和国家各方面工作提出一系列新理念新思想新战略，推动党和国家事业发生历史性变革、取得历史性成就，中国特色社会主义进入了新时代。

党的十八大闭幕不久，习近平总书记在参观国家博物馆《复兴之路》展览时指出："现在，我们比历史上任何时期都更接近中华民族伟大复兴的目标，比历史上任何时期都更有信心、有能力实现这个目标。"这清晰表达了我们党对实现中华民族伟大复兴目标的期待，反映了我们党对实现这一伟大目标的信心。中国梦的本质是国家富强、民族振兴、人民幸福。从二〇二〇年到二〇三五年，在全面建成小康社会的基础上，再奋斗十五年，基本实现社会主义现代化。从二〇三五年到本世纪中叶，在基本实现现代化的基础上，再奋斗十五年，把我国建成富强民主文明和谐美丽的社会主义现代化强国。到那时，我国物质文明、政治文明、精神文明、社会文明、生态文明将全面提升，实现国家治理体系和治理能力现代化，成为综合国力和国际影响力领先的国家，全体人民共同富裕基本实现，我国人民将享有更加幸福安康的生活，中华民族将以更加昂扬的姿态屹立于世界民族之林。党的十八大以来，以习近平同志为核心的党中央为了团结带领人民进行伟大斗争、建设伟大工程、推进伟大事业、实现伟大梦想，空前有力地强调了反腐败斗争的极端重要性，以"八项规定"为起点，保持惩治腐败的高压态势，从严管理党的干部，努力构筑不敢腐、不能腐、不想腐的堤坝，反腐败斗争取得压倒性胜利，提出了治党治国治军的一系列措施，把制度的笼子扎得更加牢固。我们党要成功推进伟大社会革命，必须勇于推进伟大自我革命，把党建设成为始终走在时代前列、人民衷心拥护、勇于自我革命、经得起各种风浪考验、朝气蓬勃的马克思主义执政党。当前，我们党正在开展"不忘初心、牢记使命"主题教育，目的就是要在新时代建设一个强有力的马克思主义政党，这也是夺取中国特色社会主义新胜利、实现中华民族伟大复兴中国梦的根本政治保障。

进入新时代，我们在中国共产党的坚强领导下、在全国各族人民的不懈努力下，通过坚持走中国特色社会主义道路，彰显了马克思主义的真理性、社会主义的优越性、中国共产党的先进性。党的十九大擘画了实现中华民族伟大复兴的光辉蓝图。习近平总书记指出，"中国特色社会主义进入新时代，意味着近代以来久经磨难的中华民族迎来了从站起来、富起来到强起来的伟大飞跃，迎来了实现中华民族伟大复兴的光明前景"。今天，我们离中华民族伟大复兴的目标越来越近。中国道路、中国声音、中国方案、中国力量等受到了国际社会前所未有的关注。站在新时代中国发展新的历史方位上，我们更应坚定对中国特色社会主义的道路自信、理论自信、制度自信和文化自信，不断凝聚起成就事业、开创未来的强大精神动力。

深化制度史研究正逢其时 *

  习近平总书记指出，中国的今天是从中国的昨天和前天发展而来的。要治理好今天的中国，需要对我国历史和传统文化有深入了解，也需要对我国古代治国理政的探索和智慧进行积极总结。

  对我国古代治国理政的探索和智慧进行积极总结，一个十分重要的方面就是深化制度史研究。制度史研究一直是中国史学研究的重要内容和强项，有的学者将其称为中国古代史研究的四把"钥匙"之一。党的十九届四中全会《中共中央关于坚持和完善中国特色社会主义制度、推进国家治理体系和治理能力现代化若干重大问题的决定》（下文简称《决定》）提出坚持和完善中国特色社会主义制度、推进国家治理体系和治理能力现代化的重大任务，这为深化制度史研究提出了新要求、提供了新机遇。推动中国特色社会主义制度更加成熟更加定型、把我国制度优势更好转

---

 * 本文原载于《人民日报》2020 年 3 月 23 日第 9 版。

化为国家治理效能，制度史研究应充分发挥自身应有的作用。

制度史研究是中国史学研究的强项

我国历史文化源远流长，历史记载极为宏富。我国丰富多彩的历史记载反映了我国历史发展的各个方面，其中一个核心内容就是关于制度的形成与发展。司马迁撰著的我国第一部纪传体通史《史记》，就大量记载各个领域的典章制度。1200年前，唐代杜佑编著《通典》200卷，分为食货、选举、职官、礼、乐、兵、刑、州郡、边防等九门，是政治、经济、文化等各方面典章制度的汇编。杜佑在《通典》自序中写道："所纂《通典》，实采群言，征诸人事，将施有政。"阐明了撰述材料的来源和撰述的目的。此后，从《通志》《文献通考》一直到清代的《皇朝文献通考》、民国时期的《清朝续文献通考》，再加上历代《会要》，这些著作基本上囊括了从上古至清末的各种典章制度。这些制度史料汇编、制度史著作与其他各种历史记载一起，成为后人研究历史、研究历代制度的重要史料来源，也充分说明了历代史家对制度史研究的高度重视。

新中国成立后，史学界深入研究从先秦到近代中国的历史，发表的学术论著，无论是通史、专著还是论文，很大一部分都是探讨我国历代的制度，有不少论著专门探讨各种制度的源流与演变。近年来，史学界一些学者开始探讨制度史研究如何深入开展。有学者主张研究"活"的制度史，即不要仅仅盯着制度的条文，不能只是围绕制度的制定和结果做文章，还要研究制度的执行过程，研究制度的执行与人的关系等。有学者提出"制度史观"的概念，把基于政治体制考察和阐述我国社会历史变迁的史观称为制度史观。有学者指出，可以有经济史观、文化史观，也可以有制度史观。这是因为，在我国古代社会，政治体制及其相关制度安排，在塑造社会形态上显示出非常大的权重，故制度在塑造社会形态上往往更具决定性意义。有学者认为，"制度史观"所强调的，是我国政治体制在塑造社会形态上的巨大能动性及其发展的连续性。还有学者在制度史研究中提出了"日常统治"概念，认为过去史学研究长期关注的是重大事件、制度或政治文化，但就国家而言，有其日常状态，即日复一日的统治实践。从这个视角研究制度史，也有一定意义。还有学者主张，研究制度史要从长时段来研究、从整体来研究，从而更好地把握制度的渊源与演变。

这些关于制度史研究的理论思考，都是相关领域学者研究的心得和领悟，都有其道理，反映了我国史学界对制度史研究的高度重视和研究深度。学者们关于制度史研究的理论思考，都值得进一步深入探讨。比如，无论是经济史观、文化史观还是制度史观，都要坚持以唯物史观为指导。唯有如此，才能始终保持正确研究方向。再如，认识到我国历史的连续性是非常必要的，但是，如果忽视我国历史发展的阶段性，忽视我国历史在发展中呈现的不同社会形态，也是不周全的。在制度史研究方面也是如此，我们既要看到制度的连续性，也要看到制度的阶段性。把连续性和阶段性统一起来，才能更好认识制度的继承和创新。

制度史研究要为国家制度和国家治理体系建设提供借鉴

习近平总书记指出，在漫长的历史进程中，中华民族创造了独树一帜的灿烂文化，积累了丰富的治国理政经验，其中既包括升平之世社会发展进步的成功经验，也有衰乱之世社会动荡的深刻教训。从制度史研究入手，总结成功经验与深刻教训，可以为国家制度和国家治理体系建设提供历史借鉴。研究制度史可以重点抓住两个方面，一个是国家根本制度的演变，另一个是国家治理体系中经济、政治、文化、社会、生态等各方面制度的状况，两个方面都要下功夫。

在近些年的史学研究中，对历史上国家根本制度演变的关注度相对不高。秦始皇统一六国，结束了春秋战国博弈兼并的混乱时期，建立了我国历史上第一个统一的中央集权的封建王朝。秦朝统治时间虽然短暂，但它为中国历史发展打下的制度根基值得深入研究。首先，秦朝"令黔首自实田"，建立了地主土地所有制，形成了中国农业社会的基本社会形态，否定了奴隶制社会形态。其次，秦朝建立了中央集权制和郡县制，废除了分封制，使我国成为统一的多民族国家。这也是长期影响我国历史发展的重要因素。最后，《史记》记载，"明法度，定律令，皆以始皇起"。"一法度衡石丈尺，车同轨，书同文字"，这样的制度是秦朝作为统一的中央集权制国家的基本制度规定，是统一多民族国家不断发展的重要保证，在一定程度上影响了我国传统社会的核心价值理念。这些制度规定涉及社会形态，涉及政治、经济、文化，深刻影响此后中国历史的发展。

秦朝虽短，但其为中国历史发展奠定的制度基础影响非常深远。秦朝以后中国 2000 多年的封建社会，在具体制度设计上有了不少改变，但一些核心内容始终保持不变。这是中国封建社会长期延续在制度层面的重要原因。从某种意义上说，多民族统一国家、国家行政体系的中央集权制、地方治理中以县为基本单位、基本不变的文字体系和历史形成的礼仪制度等，都是在中国历史发展中不断积累形成的制度传统。这些制度传统加上思想体系上的"自强不息""厚德载物""天人合一""仁爱""和合"等思想传统，构成了中国历史文化的根和魂。

在中国历代制度变迁中，政治制度变迁是核心，这就要求我们抓住政治制度变迁这一制度史研究的主干。中国封建社会的政治制度中有许多具体制度值得研究。比如，钦差大臣制度，台谏、监察御史制度，包括科举制度在内的人才选拔和任用制度，等等。这些具体制度都在封建国家治理中发挥过积极作用，值得深入研究和总结。总之，对中国古代的政治制度，有必要进行深入研究，得出更为符合历史真实、反映中国历史特点的结论。特别是要深入研究升平之世制度方面的成功经验、衰乱之世制度方面的深刻教训，看看对今天的国家治理是否有值得借鉴的地方。

1911 年爆发的辛亥革命推翻了清王朝的统治，建立了中华民国。中华民国南京临时政府仿照西方议会制度制定了《中华民国临时约法》。由于中国民族资产阶级力量软弱，帝国主义和封建主义势力非常强大，《中华民国临时约法》不可能真正实施，辛亥革命的目的并未达到。在国民党统治时期，也根本不可能按照人民主权作出制度安排。

1949年，中国共产党领导中国人民取得新民主主义革命胜利，成立了中华人民共和国。新中国确立了中国共产党的领导地位，确立了社会主义基本制度，建立了人民代表大会制度、中国共产党领导的多党合作和政治协商制度、民族区域自治制度、基层群众自治制度以及其他重要制度，这些制度从人民出发，确立人民至上的原则，推动中国走上了实现民族复兴的康庄大道。新中国建立的这些制度，当然不是中国传统的政治制度，也不是西方的政治制度，而是中国共产党带领中国人民坚持以马克思主义为指导，结合中国的历史和革命实际特别是辛亥革命以来的历史和革命实际创造出来的适合中国国情的政治制度。70多年的历史实践充分证明，这些制度是适合中国国情、符合人民意愿的。正是这些制度保障中国现代化建设不断向前推进，推动中国特色社会主义事业不断向前发展。党的十九届四中全会《决定》强调，中国特色社会主义制度和国家治理体系是具有深厚中华文化根基的制度和治理体系。我们要研究中国历史上的制度对中国特色社会主义制度和国家治理体系的形成起到了什么样的作用，研究为什么我们能坚定制度自信，研究如何利用历史文化资源为中国特色社会主义制度和国家治理体系建设提供历史借鉴。

史学要"究天人之际，通古今之变"，制度史研究自然也要

"究天人之际，通古今之变"。新时代坚持和完善中国特色社会主义制度、推进国家治理体系和治理能力现代化的重要任务对制度史研究提出了新要求，现在正是广大历史研究工作者研究制度史的大好时机。我们要从中国的历史实际出发，从大量丰富的史料中总结和提炼历史经验、历史教训，为坚持和完善中国特色社会主义制度、推进国家治理体系和治理能力现代化提供有益历史借鉴。

我们党开创中国革命理论的伟大历史意义[*]

习近平总书记指出："中国产生了共产党，这是开天辟地的大事变。这一开天辟地的大事变，深刻改变了近代以后中华民族发展的方向和进程，深刻改变了中国人民和中华民族的前途和命运，深刻改变了世界发展的趋势和格局。"这个重大论断，是基于中国共产党诞生以来中国走过的百年道路，新中国成立 70 多年来党团结带领人民创造经济快速发展奇迹和社会长期稳定奇迹而作出的科学判断。那么，1921 年建立的中国共产党，凭什么可以经历百年、执政 70 多年而不断发展壮大，成为世界最大的执政党，不仅改变了中国，也影响了世界？在庆祝中国共产党百年华诞、全党开展党史学习教育之际，有必要深入思考这个问题。这里，笔者重点从中国共产党在半殖民地半封建社会开创中国革命理论

＊ 本文原载于《光明日报》2021 年 5 月 26 日第 13 版。

的伟大历史意义，谈谈对这个问题的一些思考。

中国共产党接受、发展了列宁关于殖民地半殖民地革命的思想

马克思、恩格斯所创建的无产阶级革命理论是建立在资本主义制度的基础上的。这个革命的基本点是无产阶级通过中心城市起义，推翻资产阶级国家，建立无产阶级专政。俄国十月革命也是在资本主义俄国的基础上发生的，尽管俄国还不是一个资本主义很发达的国家。然而，近代中国却是一个半殖民地半封建的国家，不是一个资本主义国家。中国虽然已经有西方列强在华开办的资本主义企业，也有民族资本主义企业，但是在中国全部经济构成中，资本主义不占统治地位。在中国绝大多数农村，占统治地位的还是封建地主阶级的土地占有制。外有帝国主义对中国的政治压迫和经济剥削，内有封建统治的根深蒂固。虽然经历了辛亥革命，封建专制的君主统治被推翻了，但是在广大农村，封建制度的根基仍被保存着。民国初年的袁世凯称帝和张勋复辟，以及军阀割据统治的形成，根本原因都是封建根基未能彻底铲除。

在马克思主义革命理论指导下，列宁领导俄国取得了十月革命的胜利，他在 1919 年组建共产国际的过程中，开始考虑在殖民地半殖民地国家进行革命的指导理论。他在 1920 年写的《民族和殖民地问题提纲初稿》《民族和殖民地问题委员会的报告》中，对殖民地半殖民地国家的革命提出了这样的设想：殖民地半

殖民地国家的革命称为民族革命，是资产阶级民主革命性质；民族革命要联合农民；落后国家可以不经过资本主义发展阶段而过渡到苏维埃制度，然后经过一定的发展阶段过渡到共产主义。但是，由于没有在殖民地半殖民地国家指导革命的直接经验，这样的革命怎么搞没有明确，也难以上升为理论。

中共一大明确提出，党的奋斗目标是"承认无产阶级专政"，是要"与无产阶级一起推翻资本家阶级的政权"。这是马克思主义革命理论的基本认识，尚未与中国革命实际结合起来。中共二大将"消除内乱，打倒军阀，建设国内和平；推翻国际帝国主义的压迫，达到中华民族完全独立"作为最低纲领，将"组织无产阶级，用阶级斗争的手段，建立劳农专政的政治，铲除私有财产制度，渐次达到一个共产主义的社会"作为最高纲领。这里就提出了反帝反封建问题，表明中国共产党接受了列宁关于殖民地半殖民地革命的思想。

但是，中国共产党刚成立，对于怎样反帝反封建，怎样走向社会主义、共产主义，还没有自己的切身斗争体验。那时候，国际共产主义的经验只有巴黎公社和俄国十月革命，巴黎公社失败了，俄国的起义成功了，但无论巴黎公社还是十月革命，都是发动城市工人阶级举行起义，夺取政权。这就形成了"城市中心论"的历史经验。1919 年建立的共产国际指导各国共产党的斗争，能够运用的经验也就是中心城市起义的经验。

中国共产党人把马克思主义的革命理论与中国的国情紧密结合起来

大革命失败后，从 1927 年 8 月到 1929 年间，中国共产党领导的城市和农村的大小起义有近百次。这一时期，由于受共产国际"城市中心论"的影响，无论在城市发动的，还是在农村举行的，基本上以占领城市为目标。这也是当时中国共产党人的基本共识。在大部分起义失败后，以毛泽东同志为主要代表的中国共产党人基于从事农民运动的经验，从实际出发，在敌人统治力量较弱的井冈山建立了革命根据地。毛泽东同志提出了工农武装割据、建立红色政权、建立根据地思想，对于中国革命道路是极为重要的探索，到 1930 年，关于"农村包围城市、武装夺取政权"的思想基本上形成了。毛泽东同志撰写了《中国的红色政权为什么能够存在？》《井冈山的斗争》《关于纠正党内的错误思想》《星星之火可以燎原》等著作，从理论和实践上论证了这条革命新道路的正确性。1930 年，毛泽东同志写下了《反对本本主义》一文，指出"马克思主义的'本本'是要学习的，但是必须同中国的实际相结合"，强调"中国革命斗争的胜利要靠中国同志了解中国的情况"。这是一个完全正确的认识。这就是说，在半殖民地半封建的中国如何革命要有正确的理论指导。这个正确的认识，要为全党所接受，却付出了血的代价。在党内"左"倾路线领导下，红军和革命根据地遭受重大损失。由于第五次反"围剿"失败等原因，中央红军即红一方面军主力开始进行战略转移即长征。主持临时中央的"左"倾错误路线领导人坚持"城市中心论"，不顾中国实际，机械地照搬马克思主义，是导致这次失败的基本原因。

长征开始后，随着红军作战迭次失利，特别是湘江战役的惨重损失，惊醒、教育了党，才有了1935年1月遵义会议的伟大历史转折。遵义会议增选毛泽东同志为中央政治局常委，随后又决定毛泽东同志、周恩来同志、王稼祥同志组成新的"三人团"，负责全军的军事行动。遵义会议纠正了"左"倾错误的军事路线，从组织上保证了毛泽东同志在党中央的领导地位。毛泽东同志在1943年11月的一次政治局会议上说：遵义会议只集中解决军事路线，因为中央在长征中，军事领导是中心问题。当时军事领导的解决差不多等于政治路线的解决。换句话说，这是在党中央确立了"农村包围城市"新革命路线的地位。在党中央确立了"农村包围城市、武装夺取政权"的新革命道路，这是马克思主义中国化的重要发展，明确了中国革命的正确道路。

"城市中心起义"是马克思主义革命理论在一定时期、一定国情下的成功范例。如果把它看作唯一的形式，概括为"城市中心论"，就把夺取政权的具体形式与马克思主义的革命理论等同起来。而中国革命是在工业不发达的半殖民地半封建国家里进行的。中国工人阶级还不是很强大，但中国无产阶级政党——中国共产党已经成立，在共产党领导下，在军阀割据的形势下，一定地域内农村革命根据地的建立和发展，"是半殖民地中国在无产阶级领导之下的农民斗争的最高形式，是半殖民地农民斗争的发展的必然结果"，根据地波浪式推进政权建设、深入土地革命、扩大人民武装这一套办法，才能坚定全国各民族群众的信仰，才能给反动统治阶级以巨大的困难，动摇其基础而促进其内部的瓦解。城市中心起义办法不适合中国国情，而建设农村革命根据地，以"农村包围城市、武装夺取政权"的办法，适合中国国情。只有把马克思主义的革命理论与中国的国情紧密结合起来，创造性地提出"马克思主义中国化"理论并根据这一理论探索中国革命道路的人，才能领导中国革命取得胜利。

毛泽东同志在 1938 年的中共六届六中全会上，首次提出了"马克思主义中国化"这一命题，认为"没有抽象的马克思主义，只有具体的马克思主义"；"所谓具体的马克思主义，就是通过民族形式的马克思主义，就是把马克思主义应用到中国具体环境的具体斗争中去，而不是抽象地应用它"；"离开中国特点来谈马克思主义，只是抽象的空洞的马克思主义。因此，马克思主义的中国化，使之在其每一表现中带着中国的特点，即是说，按照中国的特点去应用它，成为全党亟待了解并亟须解决的问题"。这实际上是对 1930 年《反对本本主义》一文基本观点的延伸。《论新阶段》是毛泽东同志代表中央政治局在大会作的政治报告，大会批准了这个报告。此后，马克思主义中国化的概念在党内影响不断扩大。正是在把马克思主义基本原理同中国革命具体实际相结合的基础上，我们实现了马克思主义中国化的第一次飞跃，创立了毛泽东思想，到 1945 年召开的党的七大，毛泽东思想成为全党的指导思想。

1938 年武汉沦陷后，中共在广大敌后立足农村建立抗日根据地，开展独立自主的抗日游击战争。敌后抗日游击战争依托抗日根据地，依靠广大农民支持，与盘踞城市的日军相周旋。这在一定意义上也是中国革命理论的发展。

中国革命理论是中国共产党对马克思主义理论宝库的重大贡献

"农村包围城市、武装夺取政权"的理论和实践，是中国化的马克思主义的重要内容，是中国共产党对马克思、列宁主义理论宝库的重大贡献。中国的革命经验证明，农村包围城市也是无产阶级夺取政权的正确道路。武装夺取政权，打碎旧的国家机器，建立人民当家作主的新国家，是马克思主义革命理论的一般原理。是依靠城市起义来实现这个原理，还是依靠农村包围城市的办法来实现这个原理，则要依据不同的国情，灵活运用，不可教条化。武装夺取政权，这是符合马克思主义的革命原理的，城市中心起义和农村包围城市都是实现这个原理的具体方法。

在中国革命胜利的前夕，在 1949 年 3 月召开的中共七届二中全会上，毛泽东同志指出："在革命胜利之后，迅速地恢复和发展生产，对付国外的帝国主义，使中国稳步地由农业国转变为工业国，把中国建设成一个伟大的社会主义国家。"这是党根据革命形势的变化，提出使中国由新民主主义过渡到社会主义的具体设想。

"使中国稳步地由农业国转变为工业国，把中国建设成一个伟大的社会主义国家"，这个思想极为重要。"农村包围城市、武装夺取政权"的目的是在城市，是要把农业国变成工业国。1944 年 8 月，毛泽东同志写给博古（秦邦宪）的信说："新民主主义社会的基础是工厂（社会生产，公营的与私营的）与合作社（变工队在内），不是分散的个体经济。分散的个体经济——家庭农业与家庭手工业是封建社会的基础，不是民主社会（旧民主、新民主、社会主义，一概在内）的基础，这是马克思主义区别于民粹主义的地方。简单言之，新民主主义社会的基础是机器，不是手工。我们现在还没有获得机器，所以我们还没有胜利。如果我们永远不能获得机器，我们就永远不能胜利，我们就要灭亡。现在的农村是暂时的根据地，不是也不能是整个中国民主社会的主要基础。由农业基础到工业基础，正是我们革命的任务。"这里讲清楚了马克思主义的一个基本原理，即革命是为了什么。革命不是为了个人升官发财，革命不是为了保护家庭农业和家庭手工业为基础的小农经济（尽管从事小农经济的人口占绝大多数），而是为了消灭小农经济这个封建社会的经济基础，实现国家和社会的工业化，工业化就是社会主义民主社会的经济基础。共产党人的眼光不能仅仅盯着农村根据地，不能仅仅盯着小农经济，如果那样就是民粹主义。毛泽东同志这封信表现的思想，闪耀着马克思主义的光辉。

1949 年 3 月，毛泽东同志提醒全党："从 1927 年到现在，我们的工作重点是在乡村，在乡村聚集力量，用乡村包围城市，然后取得城市。采取这样一种工作方式的时期现在已经完结。从现在起，开始了由城市到乡村并由城市领导乡村的时期。党的工作重心由乡村移到了城市。"这是一个极为睿智、极为重要的决定。

这是党的指导思想的又一次重要转变，这个转变正好体现了上面所举的给博古那封信的思想，就是说农村包围城市的目的不是农村，不是个体经营的小农经济，而是城市，而是发展城市的现代化工业经济，实现社会主义工业化，奠定社会主义的经济基础。为了实现这一目标，中国共产党采取了一系列方针政策，确保社会主义工业化的实施，确保工作重心由乡村到城市的转变。

学党史，明未来。"农村包围城市、武装夺取政权"思想的提出，使我们党找到了一条适合中国特点的民主革命的正确道路，是马克思主义基本原理同中国具体实际相结合、不断探索适合中国国情的革命和建设道路的重要阶段，也是马克思主义中国化的重要成果。这在一定意义上表明，中国共产党成为执政党以后，中国的社会主义建设，也必须依据马克思主义基本原理，结合中国历史和社会实际，不断推进马克思主义中国化，产生中国特色社会主义制度，产生科学指导中国特色社会主义发展的创新理论，使中国的社会主义既区别于苏联的社会主义模式，又坚持了马克思主义的一般原理。党的百年发展历程充分证明了这一点。习近平总书记强调，"要学习党史、新中国史，懂得党的初心和使命之可贵，理解坚守党的初心和使命之重要"。以毛泽东同志为主要代表的中国共产党人在半殖民地半封建的中国开创适合中国特点的革命道路，总结有中国特色的民主革命道路理论，发展了马克思列宁主义关于无产阶级革命学说，为中国共产党取得民主革命的胜利，建立新中国打下了坚实的基础。在建党百年之际，这一伟大历史功勋需要永远铭记。

中国共产党与中国历史道路的选择 [*]

　　1921 年 7 月诞生的中国共产党，到一百周年庆典的时候了。从百年的历史看，毛泽东同志所说的"中国产生了共产党，这是开天辟地的大事变"①，已经为百年来中国走过的道路，中国发生的百年未有之大变局所全面证实。

　　百年前，对于中国将要走什么道路，绝大多数国人是迷茫的。部分先进的人士希望改变半殖民地半封建社会的地位，但是，怎么改变？改变以后怎么办？是走资本主义道路，还是走社会主义道路，抑或政治上走资本主义的民主政治道路、经济发展上走计划经济道路？各种主张，莫衷一是。什么君主立宪制、民主共和制、议会制、多党制、总统制，都试过了，绝大多数人还是不知道哪种制度适合中国。

　　中国共产党的成立改变了中国历史的发展道路。中共一大明

---

　　* 本文原载于《近代史研究》2021 年第 3 期。

　　① 《毛泽东选集》第四卷，人民出版社 1991 年版，第 1514 页。

确提出，党的奋斗目标是"承认无产阶级专政"，是要"与无产阶级一起推翻资本家阶级的政权"①。中共二大将"消除内乱，打倒军阀，建设国内和平；推翻国际帝国主义的压迫，达到中华民族完全独立"作为最低纲领；将"组织无产阶级，用阶级斗争的手段，建立劳农专政的政治，铲除私有财产制度，渐次达到一个共产主义的社会"作为最高纲领。这表明：中国不能回到封建社会，不能维持半殖民地半封建社会，也不能建立资本主义社会。中国要通过反帝反封建斗争，最后走向共产主义社会。

但是，怎样反帝反封建，怎样走向社会主义、共产主义，中国共产党刚成立之时，还没有自己的切身斗争体验。那时候，国际共产主义的经验只有巴黎公社和俄国十月革命，巴黎公社失败了，俄国十月革命成功了。无论巴黎公社还是十月革命，都是发动城市工人阶级举行起义，夺取政权。这就形成了"城市中心论"的历史经验。1919 年建立的共产国际（第三国际）指导各国共产党的斗争，能够运用的经验也就是中心城市起义的经验。

大革命失败后，从 1927 年 8 月到 1929 年间，中国共产党领导的城市和农村的大小起义有近百次。这一时期，由于受共产国际"城市中心论"的影响，无论在城市发动的，还是在农村举行的起义，基本上以占领城市为目标。这也是当时中国共产党人的基本共识。在大部分起义失败后，毛泽东同志基于从事农民运动的经验，从实际出发，作出了在敌人统治力量较弱的井冈山建立

---

① 中共中央文献研究室、中央档案馆编：《建党以来重要文献选编（一九二一——一九四九）》第一册，中央文献出版社 2011 年版，第 1 页。

革命根据地的重大战略决策。毛泽东同志提出了工农武装割据、建立红色政权、建立根据地的思想，这对于中国革命道路是极为重要的探索。到 1930 年，毛泽东同志关于"农村包围城市、武装夺取政权"的思想基本形成。他撰写了《中国的红色政权为什么能够存在？》《井冈山的斗争》《关于纠正党内的错误思想》《星星之火，可以燎原》等系列著作，从理论和实践上论证了这条新革命道路的正确性。1930 年，毛泽东同志写下了《反对本本主义》一文，指出"马克思主义的'本本'是要学习的，但是必须同我国的实际情况相结合"，指出"中国革命斗争的胜利要靠中国同志了解中国情况"①。这是一个完全正确的认识。但这个正确的认识为全党接受，要付出血的代价。在这个过程中，党内"左"倾路线的领导者对毛泽东同志进行了无情打击。

　　1930 年夏天，主持中央工作的李立三接受共产国际的错误指导，召开政治局会议作出决议，批评农村包围城市是"极错误的观念"，坚持"城市中心论"的主张，要求红军"会师武汉""饮马长江"。随后，扩大的六届三中全会批评了李立三，但未能在思想上对李立三的错误进行清算。随后，在共产国际代表米夫的直接干预下，召开扩大的六届四中全会，王明当选中央政治局委员。王明以批判李立三为名，推行更为"左"倾的路线。临时中央派人召开苏区党的代表大会，批评毛泽东同志的主张是"狭隘经验论""一贯右倾机会主义"。正当第四次反"围剿"的时候，

　　① 《毛泽东选集》第一卷，人民出版社 1991 年版，第 111—112、115 页。

临时中央又在福建开展反"罗明路线"、在江西开展反"邓（小平）毛（泽覃）谢（唯俊）古（柏）"路线斗争，实际上都是将矛头指向毛泽东同志的。毛泽东同志处境困难，被剥夺军职，不能参与指导第五次反"围剿"斗争，导致中央革命根据地的惨重失败。主持临时中央的"左"倾错误路线领导人坚持"城市中心论"，不顾中国实际，把马克思主义当作教条，是导致这次失败的基本原因。

正是这个惨痛的失败，惊醒、教育了党，才有了1935年1月遵义会议的伟大历史转折。遵义会议增选毛泽东同志为中央政治局常委，随后又决定由毛泽东同志、周恩来同志、王稼祥同志组成新的"三人团"，负责全军的军事行动。遵义会议纠正了"左"倾错误的军事路线，从组织上保证了毛泽东同志在党中央的领导地位。毛泽东同志在1943年11月的一次政治局会议上说：遵义会议只集中解决军事路线，因为中央在长征中，军事领导是中心问题。当时军事领导的解决差不多等于政治路线的解决。换句话说，这是在党中央确立了"农村包围城市"新革命路线的地位，"城市中心论"的主张者退出中央领导位置。这是马克思主义中国化的一次飞跃，明确了中国革命的正确道路。

"城市中心起义"是马克思主义革命理论在一定时期、一定国情下的成功范例。十月革命是列宁领导下俄国无产阶级夺取政权的成功先例。城市中心起义是鉴于工人阶级力量集中于大城市，但这不是唯一的条件，还要看统治阶级在大城市里是否能照旧统治下去。巴黎工人阶级的力量很集中，巴黎工人起义却未能取得成功。十月革命的成功只是无产阶级夺取政权的一种具体形式，但不是唯一形式。如果把它看作唯一的形式，概括为"城市中心论"，就把夺取政权的具体手段与马克思主义的革命理论等同起来。当时共产国际的领导人和中共中央的主要领导人都是这样的认识。

俄国革命是在工业相对不那么发达的情况下发生的。中国革命是在工业更不发达的半殖民地国家里进行的。中国工人阶级还不是很强大，但中国无产阶级政党——中国共产党已经成立。在共产党领导下，一定地域内农村革命根据地的建立和发展，"是半殖民地中国在无产阶级领导之下的农民斗争的最高形式，和半殖民地农民斗争发展的必然结果"，只有根据地波浪式推进政权建设、深入土地革命、扩大人民武装这一套办法，才能树立全国革命群众的信仰，才能给反动统治阶级以甚大的困难，动摇其基础而促进其内部的分解。城市中心起义在中国的失败，证明这条道路不适合中国国情，而建设农村革命根据地，"农村包围城市、武装夺取政权"的道路，则适合中国国情。"左"倾路线的领导者不了解中国的国情，在中国硬搬"城市中心论"，是一定要碰壁的。他们也是革命者，比较熟悉马克思主义理论，但并不是所有熟悉马克思主义理论的革命者都能领导中国革命。只有把马克思主义的革命理论与中国的国情紧密结合起来，创造性地提出"马克思主义中国化"理论并根据这一理论探索中国革命道路的人，才有资格成为中国革命的领导者。

提出过马克思主义必须与中国实际相结合的毛泽东同志，在

1938 年的中共六届六中全会上，首次提出了"马克思主义中国化"这一命题，认为"没有抽象的马克思主义，只有具体的马克思主义"；"所谓具体的马克思主义，就是通过民族形式的马克思主义，就是把马克思主义应用到中国具体环境的具体斗争中去，而不是抽象地应用它"；"离开中国特点来谈马克思主义，只是抽象的空洞的马克思主义。因此，马克思主义的中国化，使之在其每一表现中带着中国的特性，即按照中国的特点去应用它，成为全党亟待了解并亟须解决的问题"。《论新阶段》是毛泽东同志以中共中央政治局常委的名义，代表中央政治局在大会做的政治报告，并得到了大会的批准。此后，"马克思主义中国化"的概念在党内影响不断扩大。到 1945 年 4 月召开的中共七大，实现了马克思主义中国化的第一次飞跃——毛泽东思想成为全党的指导思想。

《论新阶段》中的"新阶段"，指的是抗日战争和抗日民族统一战线的新阶段。毛泽东同志讲了抗日民族统一战线中的独立自主问题，批评了"一切经过统一战线"的口号。一切经过统一战线，就是一切服从蒋介石。如果那样，共产党在统一战线中的独立自主就丧失了。这就会重犯第一次国共合作时期的右倾机会主义错误。这一口号是 1937 年 12 月王明在中央政治局会议上提出的，他刚从苏联回到延安，带回了共产国际的指示，就大谈"一切经过统一战线"。如果依据这一路线，右倾投降主义就一定会重演。王明从"左"倾转到右倾错误路线，说明他对中国的国情依然没有认清，对党的历史经验教训没有清醒认识。他的意见曾经迷惑过一些人，在他主持工作的地方，也给党的工作带来一定的损失。这说明，如何认识抗日民族统一战线问题，在党内也是有路线斗争的。

六届六中全会后，武汉沦陷。中国共产党在广大的敌后地区建立抗日根据地，开展独立自主的抗日游击战争。敌后抗日游击战争依托抗日根据地，依靠广大农民支持，与盘踞城市的日军周旋。这在一定意义上也是采取了农村包围城市的路线。

"农村包围城市、武装夺取政权"的理论和实践，是中国化的马克思主义，是毛泽东思想对马克思、列宁主义理论宝库的重大贡献。以前，马克思主义者只认为中心城市起义是无产阶级夺取政权的道路，现在中国革命的经验证明，农村包围城市也是无产阶级夺取政权的正确道路。武装夺取政权，打碎旧的国家机器，建立人民当家作主的新国家，是马克思主义革命理论的一般原理。是依靠城市起义来实现这个原理，还是依靠农村包围城市来实现这个原理，则要依据不同的国情，灵活运用，不可教条化。"武装夺取政权"是符合马克思主义革命原理的，"农村包围城市"则是实现这个原理的具体方法，这就是马克思主义的中国化。

毛泽东同志依据马克思主义基本原理与中国革命实际相结合，提出了著名的新民主主义理论，认为中国革命必须分两步走：第一步是推翻帝国主义和封建主义，建立民主主义社会；第二步是中国革命继续发展，建立社会主义社会。在中共七大会议上，毛泽东同志指出中国在打败日本侵略者之后，要"建立一个以全国绝对大多数人民为基础而在工人阶级领导之下的统一战线的民主联盟的国家制度"①。他认为实行这个纲领，可以把中国"从殖民地、半殖民地和半封建的国家和社会状况，推进到新民主主义的国家和社会"。当然，中国共产党的将来纲领或最高纲领"是要将中国推进到社会主义社会和共产主义社会"②。在1949年3月召开的中共七届二中全会上，毛泽东同志进一步指出："在革命胜利以后，迅速地恢复和发展生产，对付国外的帝国主义，使中国稳步地由农业国转变为工业国，把中国建设成一个伟大的社会主义国家。"③这是中国共产党根据革命形势的变化，提出使中国由新民主主义过渡到社会主义的具体设想。

"使中国稳步地由农业国转变为工业国，把中国建设成一个伟大的社会主义国家"，这个思想极为重要。"农村包围城市、武装夺取政权"的目的是在城市，是把农业国变成工业国。1944年8月，毛泽东同志在写给博古（秦邦宪）的信中说："新民主主义社会的基础是工厂（社会生产，公营的与私营的）与合作社（变工队在内），不是分散的个体经济。分散的个体经济——家庭农业与家庭手工业是封建社会的基础，不是民主社会（旧民主、新民主、社会主义，一概在内）的基础，这是马克思主义区别于民粹主义的地方。简单言之，新民主主义社会的基础是机器，不是手工。我们现在还没有获得机器，所以我们还没有胜利。如果我们永远不能获得机器，我们就永远不能胜利，我们就要灭亡。现在的农

---

① 《毛泽东选集》第三卷，人民出版社1991年版，第1056页。
② 《毛泽东选集》第三卷，人民出版社1991年版，第1058—1059页。
③ 《毛泽东选集》第四卷，人民出版社1991年版，第1437页。

中国共产党与中国历史道路的选择

村是暂时的根据地，不是也不能是整个中国民主社会的主要基础。由农业基础到工业基础，正是我们革命的任务。"毛泽东同志在新中国成立前夕还说过："没有农业的社会化，就没有全部的巩固的社会主义。"这里讲清楚了马克思主义的一个基本原理，即革命是为了什么。革命不是为了个人升官发财，不是为了保护家庭农业和家庭手工业为基础的小农经济（尽管从事小农经济的人口占绝大多数），而是为了消灭小农经济这个封建社会的经济基础，实现国家和社会的工业化，工业化就是社会主义民主社会的经济基础。共产党人的眼光不能仅仅盯着农村根据地，不能仅仅盯着小农经济，如果那样就是民粹主义。毛泽东同志这封信表达的思想，闪耀着马克思主义的光辉。

1949 年 3 月，当革命就要取得胜利、农村包围城市的目的就要达到时，毛泽东同志及时提醒全党："从一九二七年到现在，我们的工作重点是在乡村，在乡村聚集力量，用乡村包围城市，然后取得城市。采取这样一种工作方式的时期现在已经完结。从现在起，开始了由城市到乡村并由城市领导乡村的时期。党的工作重心由乡村移到了城市。"[1] 这是一个极为睿智、极为重要的决定。这是党的指导思想的又一次重要转变，这个转变正好体现了给博古的那封信的思想，就是说农村包围城市的目的不是农村，不是个体经营的小农经济，而是城市，以及发展城市的现代化工业经济，实现社会主义工业化，奠定社会主义的经济基础。党的指导

---

[1] 《毛泽东选集》第四卷，人民出版社 1991 年版，第 1426—1427 页。

思想的这一转变，由于党的领导人的预见力，以及马克思主义中国化的成熟，转变得极为顺利，没有产生大的波动。为了这次转变，中国共产党采取了一系列方针政策，确保社会主义工业化的实施，确保工作重心由乡村到城市的转变。

"农村包围城市、武装夺取政权"的道路，是区别于俄国革命的，是具有中国特点的，是马克思主义中国化的具体体现。这在一定意义上预示着，在新中国成立、中国共产党成为执政党以后，这个国家的社会主义建设道路，也将依据马克思主义基本原理，结合中国实际，形成具有中国特点的社会主义制度。这是中国历史发展道路的又一次正确选择。几十年来，形成了中国特色社会主义和习近平新时代中国特色社会主义思想，区别于苏联的社会主义模式，既坚持了马克思主义的一般原理，又有马克思主义中国化的特色。正是有了这条历史发展道路的正确选择，中华民族迎来了从站起来、富起来到强起来的伟大飞跃，人民生活从温饱不足发展到总体小康，生态环境大为改善，农村贫困人口脱贫；社会主义政治建设、经济建设、文化建设等成就举世瞩目。2000年，中国国内生产总值达到10万亿元，超过意大利。2005年达到18万亿元，超过法国。2006年达到22万亿元，超过英国。2007年达到27万亿元，超过德国。2010年达到40万亿元，超过日本，成为世界第二大经济体。2018年达到90万亿元，差不多是美国国内生产总值的65%。2019年达到99万亿元，2020年达到101万亿元，距离世界第一位的美国国内生产总值不远了。

按照马克思主义的原理，社会主义的生产力发展理应超过资本主义。我们正在朝着这个目标前进。只有社会主义的生产力高度发达，能够满足人民群众不断提升的物质文化生活的需要，才能使中国特色社会主义在世界上有影响力，有说服力。只有当社会主义的生产力大大超过资本主义的时候，我们才能说社会主义战胜了资本主义。

中国共产党走过了 100 年，百年来的中国道路，开辟了百年未有之大变局。这条历史道路虽然艰辛、曲折，也充满了胜利、喜悦。我们还要沿着这条道路往前走。这时候，我们对自己的道路选择、制度建设、理论贡献和历史文化更加有信心了，我们对人类命运共同体的理念更加有信心了。

这个时候，我们可以得出结论，只有中国共产党才是推动中国历史发展的正确的、积极的力量！

"百年未有之大变局"是历史的结论 *

习近平总书记提出了"百年未有之大变局"这个重要概念，这是他着眼于国际、国内的两大变化提炼出的一个重要论断。从历史学的角度认识这一论断，首先要明确"百年未有之大变局"中的"百年"，是一个概略数，并不是确指。如果从 1900 年义和团运动、八国联军侵华算起，是一百年；从 1911 年辛亥革命算起，是一百年；从 1914 年第一次世界大战算起，是一百年；从 1917 年十月革命算起，是一百年；从 1919 年五四运动算起，是一百年；从 1921 年中国共产党成立算起，也是一百年。当然，还可以有其他算法。但不管怎么算，从 20 世纪初开始的、最近的一百年都是人类历史上最重大的变局之一，也是中国历史上最重大的变局之一。其次，"百年未有之大变局"中的"大变局"，指的是进行时，不是完成时，指世界局势正在变化之中，换句话说，正在

＊ 本文原载于《山东行政学院学报》2021 年第 4 期。

向积极方面变化着。

一、从中国近百年史看"百年未有之大变局"

回顾百年来的中国历史，可以分成前 50 年、后 70 年。1901年 9 月，11 个国家与中国签订《辛丑条约》，中国到了历史上最悲惨的时候。本息近 10 亿两白银赔款，北京以及北京至秦皇岛12 处地方有外国驻军，华北地区停止科举考试 5 年，禁止中国人反帝结社，对华武器禁运等。一位美国学者在 20 世纪 20 年代说，中国的国家地位和国际地位低到了不能再低的程度。这个条约触发了后来的辛亥革命。辛亥革命虽没有明确提出反帝口号，但推翻了封建朝廷，而这个封建朝廷是"洋人的朝廷"。辛亥革命就推翻封建帝制来说是成功的，就建设民主制度来说是失败的。所以后来有袁世凯称帝，有日本的"二十一条"。与此有连带关系的是，中国在 1919 年巴黎和会上的外交失败。在巴黎和会上，中国虽是战胜国，却被当作战败国来对待。义和团运动后，中国人的反帝情绪开始高涨，巴黎和会的外交失败更激发了青年学生的愤怒，在近代中国历史上第一次掀起了全国范围的"五四"反帝爱国运动。

从《辛丑条约》签订到 1920 年，按照笔者的研究，是近代中国沉沦到"谷底"的时期。1921 年中国共产党成立，开始了近代中国的"上升"时期。此后，中国虽然经历了许多曲折，但在中国共产党的领导下，中国最终取得了胜利。中国共产党用奋斗和牺牲、用反帝反封建启发人民的觉悟；用中华民族复兴理念、共产主义思想激发人民对未来美好生活的期待。《辛丑条约》签订以后，中国人对国家的未来已经很失望了；由于八国联军侵华带来的对国家的打击，人民普遍产生了恐洋、崇洋、迷洋的思想。日本在侵华后占领了那么多国土，成立了那么多伪政权。当时的中国出现了那么多的汉奸，国民党的领导人如汪精卫、几十个将军投敌，有上百万军人成为伪军。这些在一定程度上与甲午战争失败、八国联军侵华后产生的恐洋思想有关。

中国共产党当时面临的最大困难是如何把人民的觉悟提高，把人民的爱国热情和建设美好生活的愿望激发出来。基本理论是新民主主义理论，即第一步实行反帝反封建的新民主主义革命，第二步实行社会主义革命。用革命调动人民的反帝积极性，用"保家卫国"这个最贴近人民生活的口号，激发人民抵抗日本侵略的斗志和决心。为了这个目的，中国共产党甚至放弃了十年内战期间形成的土地改革、建设苏维埃共和国的基本方略，用"抗日民族统一战线"的政策主张，团结了全国各阶层人民，赢得了抗战的全面胜利。赢得抗战胜利，首先是赢得了人心。这个人心，不仅包括了中国共产党直接领导下的根据地、解放区，也包括了大后方；不仅包括了基层民众，也包括了各民主党派以及许多国民党高级军官。

赢得人心不是一步完成的。中国共产党自成立以来，就一直在做争取人心的工作，如果没有赢得人心，就不好解释为什么抗战胜利后不到 4 年时间，就以根据地为基础成长起来的不到 100

万军队、不到一亿人口的解放区，把拥有全国政权、有400万军队、有美国支援的国民党政府及其军队打垮了。如果没有赢得人心，为什么八路军一号召参军，立刻就有老百姓披上大红花走上战场？而国民党拉的壮丁上了战场就倒戈。淮海战场上，国民党有飞机、坦克、大炮，依旧打败仗，投降的国民党兵第二天就掉转枪口打国民党；山东的几十万老百姓推着小车上战场，充当解放军的后勤部队。1948年，中国共产党发表"五一口号"，号召建设新中国，几乎所有民主党派立刻发表声明表示支持拥护。这些都是赢得人心的具体表现。1950年开始的抗美援朝战争，中国共产党用"抗美援朝，保家卫国"的口号动员了全国人民，下大力气清理人们头脑中的恐美、崇美、迷美思想。正是因为赢得了民心，中国才以80万吨钢的穷国，打败了8700万吨钢的美国及其强权，使得新成立的中华人民共和国在世界上站了起来。

1949年10月，中华人民共和国成立，中国彻底甩掉了半殖民地半封建社会的包袱，走上了社会主义道路。中国共产党领导人民建立的新中国以完全独立的姿态屹立于世界的东方。这是中国"百年未有之大变局"的第一步。此后的中国，明显加快了中华民族复兴的步伐，加快了现代化建设的步伐。新中国成立后的70多年，中国共产党和中国人民是怎么克服困难、走到今天这个样子的，历史班班可考。中国共产党用共产主义理想，用社会主义前景，激发起人民对未来美好生活的向往。正是有了这种向往，才能克服无数困难，把历史推向前进。人民愿意勒紧裤带，为"两弹一星"上天贡献力量，这在一定意义上是"保家卫国"思想的放大。新中国成立后的 30 年，中国共产党的领导权威确立了，毛泽东思想的领导地位确定了，社会主义政治制度基本上建立了，国家政权稳定了，中国建立起了比较完整的国民经济体系。人民生活虽然还不富裕，但平均生活水平比新中国成立前提高了，预期人均寿命比新中国成立前大大增加了。这是中国"百年未有之大变局"的第二步。

党的十一届三中全会以后的 40 多年，是我们国家各项事业大踏步前进的 40 多年。中国共产党确立了以经济建设为中心的方针，邓小平理论、"三个代表"重要思想、科学发展观指导了国家各项事业建设的发展。中国特色社会主义制度的探索取得了突破性进展，社会主义市场经济制度付诸实施。2000 年，中国国内生产总值达到 10 万亿元，超过意大利；2005 年达到了 18 万亿元，超过法国；2006 年达到了 22 万亿元，超过英国；2007 年达到了 27 万亿元，超过德国；2010 年达到了 40 万亿元，超过日本，成为世界第二。在此过程中，中国建立了完整的国民经济体系，人民生活水平有了很大改善。中国人民在站起来之后开始富起来。这是中国"百年未有之大变局"的第三步。

党的十八大开启了中国特色社会主义新时代，党的十九大确定了以习近平新时代中国特色社会主义思想作为党的指导思想。以习近平同志为核心的党中央，统揽国内国际两个大局，统筹推进"五位一体"总体布局，协调推进"四个全面"战略布局，提出了"新时代坚持和发展什么样的中国特色社会主义、怎样坚持和发展中国特色社会主义"的基本方略；为确保党始终走在时代前列，进行了系统的制度设计。中国特色社会主义制度不断完善，国家治理体系和治理能力现代化水平有了显著提高。各项事业取得巨大成就，举世瞩目。新中国成立之初，国内生产总值还比不上今天一天的产值，2018 年中国国内生产总值达到了 90 万亿元，2019 年达到了 99.09 万亿元，2020 年突破了百万亿元大关，达到了 101.6 万亿元。根据国际著名经济组织估计，2030 年中国经济总量超过美国是没有悬念的。经济总量成为世界第一，是中华民族复兴的一个重要标志。到那时，中国在世界上的经济地位将大体上达到或超过历史上汉唐时期或清朝康雍乾时期的状况。这对于 14 亿中国人来说，无疑是五千年来中国历史上最好的时期。这种变化，表明了"百年未有之大变局"的最新进展，中国变得富起来、强起来。

二、从近百年中外关系史看"百年未有之大变局"

百年来，中国与世界几个大国的关系纠结而复杂。20 世纪以来，中国与日本、苏联、美国的关系起承转合，变化极大，堪称"百年未有之大变局"。回顾 20 世纪中国与上述三国关系的历史，从中国的角度说，大体上有五点教训可以提出来讨论。

1. 中国要成为现代国际关系中的平等一员。在 20 世纪的大部分时间里，中国未能成为现代国际关系中的平等一员。这是基本的历史事实。20 世纪前半叶，中国基本上拘束于不平等条约体系之中，国家地位处于殖民地半殖民地的境况下，无法与列强讨论平等地位问题。20世纪后半叶中的前20年，中国虽然摆脱了不平等条约体系，成为一个完全独立的主权国家，却面对着以美国为首的列强的封锁，背靠着以苏联为首的社会主义阵营，处在一种紧张的国际关系体系中。就国际关系的总体面貌来说，当时的中国还不是国际关系中的平等一员。在20世纪70—80年代，中国在外交上改善了与美国、日本、苏联的关系，恢复了在联合国安理会常任理事国的代表资格，同时逐渐确立了对内改革、对外开放的基本国策，与世界各国广交朋友，积极参与国际事务的处理。到2001年，中国经过与"关贸总协定—世界贸易组织"成员国十多年的艰苦谈判，终于成为世界贸易组织的一员。从1971年恢复联合国的代表资格，到2001年加入世界贸易组织，这是中国国际关系发展中的重要标志。它标志着中国已成为国际关系中平等的一员。这是经过了一百年的奋斗才达到的，这个结果值得珍惜。

2. 中国应该与世界各国，尤其是各大国进行广泛的经济、文化交往。中国与世界各国，尤其是各大国建立广泛的经济、文化联系，这在中国几千年的历史上有许多先例。但是到了近代，情况变得复杂了。中国被纳入西方列强所强加的不平等条约体系以后，被迫与西方国家建立密切联系。但是，中国不是国际社会中的平等一员，总是处在被动的、无权的、屈辱的地位。中国人在排除了帝国主义的控制，享有了国家的独立主权以后，是愿意与世界各国做生意和往来的。1949年3月，毛泽东同志在西柏坡就作过这种宣告。但是美国半月形包围圈的封锁，阻止了中国与西方国家的往来，逼得中国只能与社会主义国家交朋友、做生意、谈文化。历史事实证明，作为一个独立主权国家，要发展自己，不与世界各国交往，尤其是不与各大国交往，坐井观天，是不行的。不能吸收各国的经济文化经验，不能利用国际市场进行交易，就不能发展自己。改革开放40年多来，中国与世界各国交朋友，与各大国处理好关系，借鉴各国发展中的经验与教训，使中国得到了更好发展。当然，面对全球化，中国要准备享受其利益，也要准备承受其恶果，包括应对各种冲突所应付出的代价。在这个世界上，挑战与机遇，风险与冲突，随时都是存在的。如何抓住机遇，迎接挑战，克服风险，善处冲突，这是当政者必须面对的问题。

3. 中国处理与诸大国的关系，应以自身的国家安全和国家利益为准绳，尤其要关注自己的核心利益。概括起来，中国的国家利益主要是国家发展战略和国家统一事业。实现中华民族复兴的中国梦是一个总的思路。振兴中华，就是要发展自己，把中国建设成为高度发达的现代化国家，建设成为中国特色社会主义强国。为此，需要制定一系列与此相关的国家战略。实现国家战略离不开国内、国外两种因素。因此，考虑国际贸易、资源问题、文化交流等所有方面和问题，要服从国家发展战略，要照顾国家的经济安全、文化安全、军事安全、政治安全，等等。国家统一事业是国家核心利益，要慎重处理。

4. 不与大国结盟，不谋求在国际关系中的特殊利益。20世纪，国家之间结盟屡见不鲜，有针对第三方的，有保护结盟国自己的，有抱团取暖的，等等。结盟是 20 世纪国际争战不断的表现形式之一，也是处理国际关系的一种手段。在一定历史条件下，结盟国家之间枪口相向，也是常事。《苏德互不侵犯条约》《苏日中立条约》就说明了这一点。与大国结盟，暗含有谋求特殊国际利益的用意；大国结盟，往往有针对第三方的含义：这是历史事实告诉我们的。像中国这样的大国，与俄罗斯是邻居，与日本也是邻居，与美国则是隔洋相望，远交近攻，近交远攻，都是不合适的。与日本结盟抗衡美国，与美国结盟抗衡日本，或者与俄罗斯结盟抗衡第三国，实行有的国际问题研究者所说的"战略集中原则"，今天均没有这样的国际条件和现实需要。这样做终究是会吃亏的。既然不谋求特殊的国际利益，中国就没有必要与某个大国结盟。中国需要以自己的国家利益为准则，处理好与各大国的关系，协调好与各大国的关系，尽量平衡各种国际关系，尽量在联合国的旗帜下从事某种国际认可的活动，而不是谋求结盟关系。

5. 世界革命的目标，不应该是当前国际关系中所追求的目标。共产主义理想的实现是长期的历史发展过程。当前最需要做的是巩固社会主义阵地。中国共产党是以马克思主义理论为指导的党，是以共产主义世界观为武装的党。共产主义世界观是对人类历史发展规律的一种基本观点，共产党人并不隐讳这种观点。但共产主义的实现是一个长期的历史过程，是一个实践的过程，不能简单地用共产主义世界观代替对当前国际关系问题的看法。过去苏联共产党主张推进世界革命，事实上欲速则不达，难以实现目标。这与今日美国要在世界上推进美国式民主（颜色革命）是一种思维模式。世界革命和美国式民主（颜色革命），其实都是冷战时期的产物。中国应该保持清醒的头脑，任凭风浪起，稳坐钓鱼船，走自己的路，不为这种冷战思维所左右。习近平主席在国际上提出的"人类命运共同体"是一个好的命题，是当前国际社会比较有好感的命题，比笼统提共产主义世界观更能吸引世界多数国家和团体的注意力。虽然人类命运共同体倡议也是一个虚拟的目标，但只要各国和国际社会团体对这个目标有好感，愿意认同这个目标，就是一个避免战争和冲突的好的目标。

综上可知，今天中国的国际地位和国际关系与百年前相比，不可同日而语。因此，说这是"百年未有之大变局"，是名副其实的。

三、从国际共产主义运动的百年历史看"百年未有之大变局"

1917 年十月革命后，苏联是中国共产党人和中国先进人士长期仰慕的对象，是中国人的指路明灯。1949 年前，中国不少自由主义知识分子提出了学习苏联建设社会主义计划经济的目标。新中国成立后，苏联政府给予新中国重要帮助，中国人民在一个时期里掀起了向苏联学习的热潮。"苏联的今天，就是我们的明天"，在 20 世纪 50 年代成为一个口号，是中国人奋斗的动力之一。

20 世纪 50 年代，中苏关系恶化以后，许多中国人对中国的发展方向进行重新定位。20 世纪 80 年代末 90 年代初，苏联解体、东欧剧变，存在了 70 多年的苏联社会主义国家及其制度坍塌，给中国人带来了极为严重的思想冲击。那个时候，西方势力也想借机冲垮中国。在危急关头，邓小平同志站出来向世界公开说，中国改革开放的方针不变，"翻两番"的战略方向不变，社会主义的中国谁也动摇不了！在一定意义上，坚持资产阶级自由化与"四个坚持"的对立是苏联垮台的基本原因。这一点，中国领导人看到了，此后，中国坚持了"一个中心、两个基本点"的方针，改革开放的航船扬帆直前，在这个基础上，以邓小平理论为标志的中国特色社会主义理论逐渐形成，社会主义市场经济的方针政策逐渐形成。社会主义市场经济是使市场在社会主义国家宏观调控下对资源配置起基础性作用的一种经济，它经过 20 多年的运行，证明是行之有效的。

中国特色社会主义既包括中国特色社会主义政治制度，也包括中国特色社会主义经济制度。这两项制度决定下来，中国特色社会主义制度的主要内容就确定下来了。这个内容就把中国的社会主义与苏联式的社会主义完全区别开来了。苏联计划经济体制反映了社会主义制度一定程度的要求，但它把资本主义制度几百年来形成的资源配置的有效方式拒绝了，而且基本上不与资本主义市场发生经济关系。这是苏联社会主义失败的基本原因之一。由于苏联社会主义经济制度本身的缺陷，加上党的领导虚化，党与人民隔离，苏联的垮台是必然的。

中国特色社会主义经济制度的本质是高度发展社会生产力，这是马克思主义奠基人当初提出社会主义制度设计的基本理念。在社会主义制度下，生产力发展速度和质量一定要超过资本主义，否则社会主义就没有生命力，社会主义就不能取代资本主义。苏联社会主义没有做到这一点，中国特色社会主义克服了苏联僵化社会主义的毛病，正在向超过资本主义生产力的方向迈进。究竟是中国特色社会主义好，还是欧美资本主义制度好，历史正在检验中，敏感的西方学者已经看出其中端倪。当中国国内生产总值超过美国，当中国人均生产总值达到或超过中等国家人均水平，当中国社会主义生产力发展从数量和质量上明显超过资本主义生产力，当人类命运共同体的理念为欧美更多人所接受，当西方人士更多思考中国特色社会主义的优长，那时候，中国特色社会主义将会被越来越多的人所向往，中国特色社会主义可能会被越来越多国家和地区所采纳。到那时，中国特色社会主义的立足点就牢固了。因此，从国际共产主义的发展历史来说，在"百年未有之大变局"中，中国特色社会主义将会带领世界人民走向一个全新的境界。

回首往事，李鸿章当年说"三千年未有之大变局"时，他的心情是惊慌、恐惧和无奈的。他说他做的工作是"拆东墙，补西墙"，他只是一个"裱糊匠"，他不知道前途在哪里，他对未来是迷茫的。今天，当我们说"百年未有之大变局"时，国人的心情是沉着、奋斗和期待的。我们期待人类美好未来的实现，期待人类命运共同体的理想被更多的人所接受，期待每个中国人有更多的获得感，每个人都能享受发展带来的好处。我们的前途是充满阳光的。

从国际格局与发展趋势看，表现"百年未有之大变局"的指标有两个：一是中华民族伟大复兴的进程加快，我们比历史上任何时候都更接近中华民族伟大复兴；二是美国的一强地位开始缓慢下降，下降的速度比历史上任何时候都快。这两个指标当然只是外在的东西，通过寻找内在的根据，我们会发现，它们背后隐藏着两个深层次的原因：一个是中国特色社会主义制度越来越具有生命力；另一个是兴旺了几百年的资本主义制度度过了黄金时期，开始出现走下坡路的趋势，看起来这一趋势不可挽回了。

"百年未有之大变局"是历史发展得出的结论，是符合马克思主义关于人类历史发展规律的。我们应当张开怀抱迎接这个大变局的到来。世界还将会面临许多困难，但克服这些困难的因素已经存在，这个世界将会变得越来越好！

如何理解马克思主义社会形态理论[*]

不同时代、不同国家的社会形态的具体表现形式可能千姿百态，但人类历史总能体现这样的规律：由原始共产制到私有制再到公有制。换言之，人类社会形态总是由低级阶段向高级阶段发展，展现的基本进程是从原始社会、奴隶社会、封建社会、资本主义社会最后到达共产主义社会。

———

关于马克思主义社会形态理论对社会形态种类的划分，历来有不同的认识，一般解释为五种社会形态。斯大林在《论辩证唯物主义和历史唯物主义》一文中说："历史上有五种基本类型的生产关系：原始公社制的、奴隶占有制的、封建制的、资本主义的、

———————————

＊ 本文原载于《历史评论》2021 年第 5 期。

社会主义的。"斯大林还对这五种生产关系分别展开了论述。按照马克思的说法，"生产关系总合起来就构成所谓社会关系，构成所谓社会，并且是构成一个处于一定历史发展阶段上的社会，具有独特的特征的社会"。人们在自己生活的社会生产中发生一定的、必然的、不以他们意志为转移的关系，即同他们的物质生产力的一定发展阶段相适应的生产关系。斯大林抓住了生产关系，抓住了占有制关系，提出五种生产关系，应该是基本符合马克思、恩格斯的社会形态理论的。

近年，段忠桥教授考察了马克思主义社会形态理论的形成和发展过程，认为马克思只有三种社会形态的观点，没有五种社会形态的观点。段教授认为，马克思的社会形态理论是逐渐成熟的，初始阶段的代表作是《黑格尔法哲学批判》和《1844 年经济学哲学手稿》。在这个阶段，马克思提出了人类社会历史发展阶段问题，提出了对社会结构的认识：物质生产是整个社会的基础；私有财产是由生产力决定的；生产力还决定社会的其他方面，既包括国家和法律，又包括宗教、科学、艺术等意识形态。

第二阶段的代表作是《德意志意识形态》《哲学的贫困》《雇佣劳动与资本》。这一时期，马克思提出了生产力和生产关系的概念，指出生产力和生产关系的矛盾是推动历史发展的最终原因。段教授认为，马克思以生产工具、分工和私有制发展的不同阶段，将人类社会的发展划分为三个阶段：以自然形成的生产工具、分工和私有制还不发达时，是前资本主义阶段；以文明创造的生产工具、分工和私有制的高度发达为资本主义阶段；以生产力高度发展，旧式分工制和私有制已被消灭为共产主义阶段。段教授还说，马克思将前资本主义阶段划分为部落所有制阶段、古代公社所有制阶段和封建所有制阶段。

第三阶段是马克思社会形态理论完全成熟的阶段，代表作是《路易·波拿巴的雾月十八日》《政治经济学批判（1857—1858 年草稿）》《〈政治经济学批判〉序言》。在这个阶段，马克思第一次提出了社会形态的概念，对社会形态理论作了全面论述，认为社会形态不仅包括所有制，还包括生产力和上层建筑以及意识形态、精神生产，社会经济形态是生产力和生产关系的统一，构成了社会形态的基础。段教授认为，成熟的马克思社会形态理论仍在充实和发展，这体现在马克思的代表作《资本论》《哥达纲领批判》《给维·伊·查苏利奇的复信》。根据段教授的概括，人类社会的历史发展表现为三种不同的社会形态，分别建立在自然经济、商品经济和产品经济的基础之上。1881 年 2 月，马克思在给查苏利奇的复信草稿中，认为前资本主义形态经历了两个发展阶段，第一个阶段称为原生的社会形态，第二个阶段称为次生的社会形态。原生的社会形态包括两个小阶段，即建立在血缘关系基础上的较古的公社和由没有血缘关系的自由人构成的农业公社。次生的社会形态则包括建立在奴隶制和农奴制基础上的一系列社会。

通过以上考察与研究，段忠桥教授认为，马克思从未提出过五种社会形态论，而只提出过三大社会形态论。所谓三大社会形态，是把前资本主义的各种社会形态概括为前资本主义，加上资本主义和共产主义。

二

段忠桥教授对马克思社会形态理论形成过程的考察是有成绩的，他对社会形态理论的基本概念和基本结构，都作了很好的论述。但是马克思、恩格斯合著的《共产党宣言》不在他考察的视线内。1848 年出版的《共产党宣言》，属于段教授所谓马克思社会形态理论日趋成熟的阶段，但是他的结论是"我们仍不能说马克思的社会形态理论这时已经成熟"。这个结论有待商榷。

《共产党宣言》出版以后，1872 年出版德文版，马克思、恩格斯在序言中强调，"不管最近 25 年来的情况发生了多大的变化，这个《宣言》中所阐述的一般原理整个说来直到现在还是完全正确的"。恩格斯在《共产党宣言》1883 年德文版序言中指出，"贯穿《宣言》的基本思想：每一历史时代的经济生产以及必然由此产生的社会结构，是该时代政治的和精神的历史的基础；因此（从原始土地公有制解体以来）全部历史都是阶级斗争的历史，即社会发展各个阶段上被剥削阶级和剥削阶级之间、被统治阶级和统治阶级之间斗争的历史；而这个斗争现在已经达到这样一个阶段，即被剥削被压迫的阶级（无产阶级），如果不同时使整个社会永远摆脱剥削、压迫和阶级斗争，就不再能使自己从剥削它压迫它的那个阶级（资产阶级）下解放出来"。在 1888 年英文版序言中，恩格斯再次强调了上述思想。恩格斯说："虽然《宣言》是我们两人共同的作品，但我认为自己有责任指出，构成《宣言》核心的基本思想是属于马克思的。这个思想就是：每一历史时代主要的经济生产方式和交换方式以及必然由此产生的社会结构，是该时代政治的和精神的历史所赖以确立的基础，并且只有从这一基础出发，这一历史才能得到说明；因此人类的全部历史（从土地公有的原始氏族社会解体以来）都是阶级斗争的历史，即剥削阶级和被剥削阶级之间、统治阶级和被压迫阶级之间斗争的历史；这个阶级斗争的历史包括有一系列发展阶段，现在已经达到这样一个阶段，即被剥削被压迫的阶级（无产阶级），如果不同时使整个社会一劳永逸地摆脱一切剥削、压迫以及阶级差别和阶级斗争，就不能使自己从进行剥削和统治的那个阶级（资产阶级）的奴役下解放出来。"恩格斯认为，"这一思想对历史学必定会起到像达尔文学说对生物学所起的那样的作用"。

这里要指出，在马克思主义成熟时期的 1872 年，马克思、恩格斯肯定了 1848 年《宣言》中阐述的"一般原理整个说来直到现在还是完全正确的"。这个"一般原理"就是 1883 年德文版序言和 1888 年英文版序言中强调的《宣言》的"基本思想"，即"每一历史时代的经济生产以及必然由此产生的社会结构，是该时代政治的和精神的历史的基础"，或者"每一历史时代主要的经济生产方式和交换方式以及必然由此产生的社会结构，是该时代政治的和精神的历史所赖以确立的基础"。两处文字表述不同，但精神是一致的。两处的表述实际上就是唯物史观的基本思想，也是社会形态理论的基本思想。恩格斯强调这个思想"对历史学必定会起到像达尔文学说对生物学所起的那样的作用"，就是说根据这个基本思想，可以准确地判断历史上不同时代的社会形态和历史阶段。

阅读《宣言》全文可以发现，体现上述"基本思想"的，主要在第一和第二部分，即"资产者和无产者""无产者和共产党人"。在"资产者和无产者"这部分的论述中，《宣言》对人类社会已经历过的各个历史阶段做了概括：

在过去的各个历史时代，我们几乎到处都可以看到社会完全划分为各个不同的等级，看到社会地位分成多种多样的层次。在古罗马，有贵族、骑士、平民、奴隶，在中世纪，有封建主、臣仆、行会师傅、帮工、农奴，而且几乎在每一个阶级内部又有一些特殊的阶层。

从封建社会的灭亡中产生出来的现代资产阶级社会并没有消灭阶级对立。它只是用新的阶级、新的压迫条件、新的斗争形式代替了旧的。

但是，我们的时代，资产阶级时代，却有一个特点：它使阶级对立简单化了。整个社会日益分裂为两大敌对的阵营，分裂为两大相互直接对立的阶级：资产阶级和无产阶级。

这里的论述是从阶级斗争入手，分析历史上的各个时代，分析资产阶级是如何产生的，进而导出资产者和无产者，再导出无产者和共产党人，形成一个完整的理论和逻辑框架。《宣言》指出现代资产者与无产者之间有阶级斗争，古代奴隶与奴隶主贵族、农民与地主之间也有阶级斗争。从阶级斗争入手，换一个角度，就是从生产关系入手，这里直接讲的是不同时代的阶级斗争，实质上是人类历史上不同的社会形态，明确了奴隶社会、封建社会、资本主义社会，资本主义社会之后就是共产主义社会。序言几次强调"从原始公社解体以来"，所谓原始公社就是原始共产主义，也就是原始社会。总体而言，《宣言》点明了人类社会一般要经历原始社会、奴隶社会、封建社会、资本主义社会、共产主义社会等社会形态。这也就是《宣言》所阐述的"一般原理"。在马克思、恩格斯看来，这个"一般原理"是完全正确的。研究社会形态理论的学者不应该忽视《共产党宣言》，不能忽视马克思、恩格斯在序言里说的"一般原理""基本思想"整个来说"是完全正确的"这个论断。换句话说，研究马克思社会形态理论的形成和发展过程，不能不高度重视《共产党宣言》指出的"一般原理"和"基本思想"。

《共产党宣言》进一步指出，"资产阶级赖以形成的生产资料和交换手段，是在封建社会里造成的。在这些生产资料和交换手段发展的一定阶段上，封建社会的生产和交换在其中进行的关系，封建的农业和工场手工业组织，一句话，封建的所有制关系，就不再适应已经发展的生产力了"。封建的所有制关系是不是一种社会形态的概念？如果不是，资产阶级赖以形成的生产资料和交换手段从何而来？

三

段忠桥教授认为，马克思将前资本主义阶段划分为部落所有制阶段、古代公社所有制阶段、封建所有制阶段。其实，马克思、恩格斯在《德意志意识形态》中对这三种所有制形态做了很详细的分析。

第一种所有制形式是部落所有制。这种所有制与生产的不发达阶段相适应，当时人们靠狩猎、捕鱼、畜牧，或者最多靠耕作为生。在人们靠耕作为生的情况下，这种所有制是以有大量未开垦的土地为前提的。在这个阶段，分工还很不发达，仅限于家庭中现有的自然形成的分工的进一步扩大。因此，社会结构只限于家庭结构的扩大，包括父权制的部落首领及其管辖的部落成员，最底层是奴隶。潜在于家庭中的奴隶制，是随着人口和需求的增长，随着战争和交易这种外部交往的扩大而逐渐发展起来的。

第二种所有制形式是古典古代的公社所有制和国家所有制。这种所有制首先是由于几个部落通过契约或征服联合为一个城市而产生的。在这种所有制下仍然保留着奴隶制。公民仅仅共同拥有支配"自己那些作工的奴隶的权力"，因此受公社所有制形式的约束。

第三种所有制形式是封建的或等级的所有制。直接从事生产的阶级，已经不是奴隶，而是"小农奴"。封建时代的所有制的主要形式，一方面是土地所有制和束缚于土地所有制的农奴劳动，另一方面是以少量资本支配的帮工劳动。

以上三种所有制形式代表的就是《共产党宣言》中的原始社会、奴隶社会和封建社会。可见，马克思、恩格斯对社会形态概念的运用，对各种社会形态具体内容的表述或有不同，但贯穿其中的基本原理却是一致的。综合而言，在不同时代的社会形态表述中，我们更应该注重《共产党宣言》的表述，因为《宣言》讲的是"一般原理"，讲的是"基本思想"。

马克思、恩格斯的著作中并没有讲三种或者五种社会形态，他们只是对不同时代的社会形态分别展开论述。所谓三种或者五种，都是后人概括出来的。斯大林所说五种生产关系，最后一种是社会主义。从马克思、恩格斯的论断来看，这是不准确的，应该是共产主义，社会主义只是共产主义的低级阶段，我们至今尚未跨越这个阶段。

四

综合以上论述，无论是"三形态"说还是"五形态"说，都符合马克思主义创始人的原意，把二者对立起来，是不合适的。

段忠桥教授认为，马克思建立社会形态理论的目的是说明资本主义形态是历史的、暂时的，以批判资产阶级学者把资本主义制度永恒化的观点。五种社会形态理论"则只能得出马克思制定社会形态的目的是为了说明社会的一般进程，特别是为了说明这五种社会形态发展的一般规律，这显然是与事实相违背的"。段教授的结论恐怕是站不住脚的。五种社会形态是为了说明社会发展的一般规律，有什么错呢？怎么是与事实相违背的呢？五种社会形态不也是说明了资本主义形态是历史的、暂时的，以批判资产阶级学者把资本主义制度永恒化的观点吗？马克思、恩格斯在《共产党宣言》的1882年俄文版序言里明确宣告："《共产党宣言》的任务，是宣告现代资产阶级所有制必然灭亡。"宣告资产阶级所有制必然灭亡，是《宣言》的历史性任务，社会形态理论是完成这一历史性任务的理论根据。只要谈到马克思主义社会形态理论，就是要论证资本主义社会必然灭亡，必然会被更高级的社会形态代替。这是人类历史规律，不以人的意志为转移。把"三形态"说和"五形态"说对立起来，进而认为五种社会形态与历史事实相违背，是难以自圆其说的。

五

段忠桥教授认为，"由前资本主义形态到资本主义再到共产主义形态是人类历史发展的普遍规律"，又说，"不能认为马克思本人提出过由原始社会到奴隶社会再到封建社会是人类历史的普遍规律"。马克思的确没有讲过每一个国家都是从原始社会到封建社会接续演进的。事实上，斯大林也只是提出了五种社会形态，并没有说在每一个国家五种形态一定是接续演进的。

马克思所说的人类历史的发展规律，用《共产党宣言》序言的话讲，就是"每一历史时代的经济生产以及必然由此产生的社会结构，是该时代政治的和精神的历史的基础"，"每一历史时代主要的经济生产方式和交换方式以及必然由此产生的社会结构，是该时代政治的和精神的历史所赖以确立的基础"。历史学家要根据马克思的这个思想去研究社会形态问题。不同时代、不同国家的社会形态的具体表现形式可能千姿百态，但人类历史总能体现这样的基本趋势：由原始共产制到私有制再到公有制。换言之，人类社会形态总是由低级阶段向高级阶段发展，展现的基本进程是从原始社会、奴隶社会、封建社会、资本主义社会最后到达共产主义社会。至于各个地区、各个国家，则未必完全经历了这五个阶段。如中国没有经历纯粹的资本主义社会形态，但却经历了半殖民地半封建社会形态；中国的西藏地区和云南彝族地区，没有经历过封建社会和资本主义社会，直接由奴隶社会过渡到社会主义社会。

六

段忠桥教授还认为，"史学界对亚细亚生产方式，对奴隶制是否具有普遍性问题的争论，正是对五种社会形态理论的怀疑的特殊表现"。这一表述并不严谨。改革开放以后，史学界在反思《联共（布）党史简明教程》和斯大林的社会形态理论时，基本上有两种倾向。

一是沿着马克思主义社会形态理论指出的方向，探讨中国的社会形态问题。如中国文明和国家起源问题、中国奴隶社会的形态问题、中国进入封建社会的时间问题等，都是在马克思主义社会形态理论指导下探讨中国社会形态问题。即使是讨论中国是否存在奴隶社会，也是基于对史料的不同解读，在指导思想上，仍然坚持马克思主义社会形态理论的基本原理。关于中国的奴隶社会问题，郭沫若、翦伯赞、吕振羽等人都有专门著作，他们根据大量史料和考古发掘资料，论定中国存在奴隶社会。今天固然有学者对中国古代存在奴隶社会的观点有所质疑，但并非否定马克思主义社会形态理论本身。在中国史学界，中国历史经历了原始社会、奴隶社会、封建社会、半殖民地半封建社会和社会主义社会（共产主义社会的初级阶段）仍是主流观点。

二是放弃马克思主义社会形态理论，根本否认中国存在奴隶社会和封建社会，认为中国只有西周的封邦建国才是封建社会，或者中国只有前帝制社会、帝制社会和后帝制社会。

关于中国历史上的社会形态问题，中国史学界从 20 世纪 20 年代起就是不回避的，是接受的，尽管就许多具体问题有过大量争论，这是正常的学术讨论，有分歧不足为奇。

"第二个结合"的深刻意蕴 *

习近平总书记在庆祝中国共产党成立 100 周年大会上强调，我们必须"坚持把马克思主义基本原理同中国具体实际相结合、同中华优秀传统文化相结合"，强调这是在新的征程上用马克思主义观察时代、把握时代、引领时代，继续发展当代中国马克思主义、21 世纪马克思主义的时代使命。"两个结合"是推进马克思主义中国化时代化的根本途径，"第二个结合"是我们党对马克思主义中国化时代化历史经验的深刻总结，是对中华文明发展规律的深刻把握。

这是中华民族伟大复兴事业的需要，是坚定"四个自信"的必然要求

在中国新民主主义革命的过程中，毛泽东同志就提出了把

＊ 本文原载于《人民日报海外版》2022 年 2 月 10 日第 8 版。

马克思主义与中国实际相结合的理论。为了反对党和红军中的教条主义思想，1930 年 5 月毛泽东同志撰写了《反对本本主义》，严肃批评了党内存在的"开口闭口'拿本本来'"的错误思想。毛泽东同志指出："我们说马克思主义是对的，决不是因为马克思这个人是什么'先哲'，而是因为他的理论，在我们的实践中，在我们的斗争中，证明了是对的"；"马克思主义的'本本'是要学习的，但是必须同中国的实际情况相结合。我们需要'本本'，但是一定要纠正脱离实际情况的本本主义"。这里就明确提出了马克思主义"必须同中国的实际情况相结合"的论断，明确指出"中国革命斗争的胜利要靠中国同志了解中国情况"。但是，毛泽东同志提出的这个著名论断，在党内还不能为多数人接受。第五次反"围剿"的失败，湘江战役的牺牲，使党的领导层和红军将领明白了"反对本本主义"的道理，遵义会议事实上确立了毛泽东同志在党中央和红军的领导地位，扭转了革命的局面。

1938 年 10 月，毛泽东同志在中国共产党扩大的六届六中全会作《论新阶段》的报告，指出没有抽象的马克思主义，只有具体的马克思主义。"所谓具体的马克思主义，就是通过民族形式的马克思主义，就是把马克思主义应用到中国具体环境的具体斗争中去，而不是抽象地应用它"，从而推进"马克思主义的中国化"。他指出，洋八股必须废止，空洞抽象的调头必须少唱，教条主义必须休息。从此，马克思主义中国化成为党内共识，成为中国革命的重要指导原则。这表明中国共产党对马克思主义中国化的认识从感性认识阶段跃升到了理性认识阶段，意味着中国共产党对于如何推进马克思主义中国化有了更为准确的把握。

毛泽东同志所说的中国的具体环境，不仅包括中国的革命环境、现实环境，也包括中国的历史文化。习近平总书记指出："坚持把马克思主义基本原理同中国具体实际相结合、同中华优秀传统文化相结合"，不仅继承了毛泽东同志的这个理论，而且进一步发展了这个理论。21 世纪要继续发展马克思主义，要进一步促进马克思主义中国化时代化，必须把马克思主义基本原理同中国具体实际相结合，而且要把马克思主义基本原理同中华优秀传统文化相结合。这是中华民族伟大复兴事业的需要，是坚定"四个自信"的必然要求。

看到了大一统国家成为中国历史的常态，还要看到背后的思想文化因素，这就是中华优秀传统文化

进入新时代，在 21 世纪的中国，为什么要强调把马克思主义基本原理同中华优秀传统文化相结合？

中国有五千年的文明史，是世界上唯一一个没有发生历史文化断裂的国家。鸦片战争以前，中国的生产力发展、科学文化长期处于世界领先的地位。中国的政治、教育、文化以及农业、经济、贸易等长期影响东亚各国，也通过丝绸之路长期影响中亚和地中海各国。历史上，中国不是通过战争、殖民、宗教等手段影响各国，而是通过政治、教育、文化、经济等的发展对世界产生影响。中华优秀传统文化成为东方文化的核心，推动了东方世界

的历史发展，它与西方世界形成了不同的历史文化特点。这些长期积淀起来的历史文化特点，可以追溯到中国的远古时期，可以看作中国特色社会主义的历史根据。

中国历史从秦以来都是统一在一个大中华的国家内，分裂是暂时的，国家的统一是历史的总趋势。战国时期，就有了"定于一"的思想，"车同轨，书同文"的主张也出现了。秦朝实行以郡县制为基础的中央集权统治，实行"车同轨，书同文"，把战国时期的思想主张用国家制度的形式落实下来。"车同轨，书同文"作为经济基础和意识形态，反过来又支持了以郡县制为基础的中央集权政治体制。可以这样理解，车同轨，说的是路轨宽窄相同，反映的是社会的经济制度；书同文，说的是文字统一，反映的是包括文字在内的文化以及意识形态。可以说，从秦朝以来，就形成了大一统的思想观念以及大一统的实践，反对分裂的思想就形成了。这是其一。其二，在中国这块土地上，曾产生和活动过许多的民族。这许多民族经过长期的交往交流与交融，形成了中华民族这个大熔炉。在这个大熔炉里，各个民族的利益基本是相同的，今天中华民族中的各个民族，他们像石榴籽一样，是紧紧拥抱在一起的，是谁也离不开谁，彼此不分离的，是不会分裂的。魏晋时期，辽宋夏金时期，中国曾出现过多个民族政权，每一个民族政权都声称自己代表中国。蒙古族建立了元朝，满族建立了清朝，都是统一王朝，也都是中国的王朝。各民族交往交流交融，支持了大一统的中国，这个向心力是历史的基因，历经2000多年而不变。"车同轨，书同文"，历经2000多年，具体形式会有很多变化，基本精神是延续下来的。全国 56 个民族，分居在许多省份和地区，地方语言各不相同，一些少数民族保留着自己的语言和文字。但是全国的学校教育使用国家通用语言文字，14 亿多人民的交流很通畅，这对于巩固国家的统一，对于生产力的发展，都带来了莫大的好处。这些就是中国历史文化的基因决定的。我们只要比较一下欧洲各国，就看得更清楚了。

看到了大一统国家成为中国历史的常态，我们还要看到背后的思想文化因素，这就是中华优秀传统文化。中国历史文化思想里，有糟粕的东西，但大量的占主流的还是中华优秀传统文化。

说到这里，自然会提出问题，为什么中国近代被人家打败了，沦落为半殖民地半封建社会？ 18 世纪开始，西方的生产力发展了，资本主义的经济制度和政治制度确立了，中国留在原地踏步，生产力落后了，社会制度落后了，政治腐败了。所以挨打了。这就造成"国家蒙辱、人民蒙难、文明蒙尘"的结局。要改变这个局面，就要改变生产力和生产关系。改变生产力，就要向西方学习，引进机器，促进新的生产力的进步。改变生产关系，就是要引进新的社会制度、政治制度、思想文化。经过长期的摸索、探索、奋斗和牺牲，经千难而百折不挠，历万险而矢志不渝，中国人选择了马克思主义，选择了中国共产党，选择了社会主义制度，不仅推翻了清政府，也抛弃了国民党政府，成立了中华人民共和国。又经过 70 余年的奋斗，中华民族迎来了从站起来、富起来到强起来的伟大飞跃。这时候，我们可以回答，在中国这块土地上，我们把生产力改变了，我们的生产力状况已经赶上了时代，国内生产总值稳居世界第二位。我们坚持社会主义基本经济制度，毫不动摇巩固和发展公有制经济，毫不动摇鼓励、支持、引导非公有制经济发展，这既区别于资本主义的经济体系，又区别于苏联社会主义的经济模式，使市场在资源配置中起决定性作用，更好发挥政府作用，建立和完善了社会主义市场经济体制，我国经济迈上更高质量、更有效率、更加公平、更可持续、更为安全的发展之路。我们把生产关系也改变了，我们不再是封建的生产关系，不再是半殖民地半封建的生产关系，而是中国特色社会主义的生产关系。在政治建设上，积极发展全过程人民民主，我国社会主义民主政治制度化、规范化、程序化全面推进，中国特色社会主义政治制度优越性得到更好发挥，生动活泼、安定团结的政治局面得到巩固和发展。中国共产党领导的多党合作和政治协商制度是中华人民共和国的一项基本的政治制度，是具有中国特色的政党制度，是近代以来中国历史发展的必然结果。人民民主是一种全过程的民主，我们走的是一条中国特色社会主义政治发展道路。

我们改变了中国生产力的发展面貌，改变了中国生产关系的面貌。为什么会发生这种变化？这就是把马克思主义基本原理同中国具体实际相结合，同中华优秀传统文化相结合带来的结果。试问，这种改变有中国历史文化的基因起作用吗？回答也是肯定的。

中华优秀传统文化的丰富哲学思想、人文精神、教化思想、道德理念等，可以为人们认识和改造世界提供有益启迪，可以为治国理政提供有益启示，也可以为道德建设提供有益启发

习近平总书记指出，在历史长河中，中华民族形成了伟大民族精神和优秀传统文化，这是中华民族生生不息、长盛不衰的文化基因，也是实现中华民族伟大复兴的精神力量，要结合新的实际发扬光大。

中国古代有丰富的大同思想。从《礼记·大同篇》到康有为的《大同书》等，都揭示了古人追求没有剥削没有压迫的社会，这些与共产主义、社会主义有某种共通之处。大同思想，对于中国人接受社会主义、共产主义理论是很有帮助的。五四运动后，《东方杂志》有一篇文章对当时报刊中表现出的社会主义潮流做过这样的分析："一年以来，社会主义的思潮在中国可以算得风起云涌了。报刊杂志的上面，东也是研究马克思主义，西也是讨论鲍尔希维主义，这里是阐明社会主义的理论，那里是叙述劳动运动的历史；蓬蓬勃勃，一唱百和，社会主义在今日的中国，仿佛有'雄鸡一唱天下晓'的情景。"这说明，中国知识界对共产主义、社会主义思想是容易引起共鸣的。

我国古代有丰富的唯物主义思想资源，天行健君子以自强不息、民贵君轻、水能载舟亦能覆舟、实事求是，等等，都是唯物主义的，不是唯心主义的，即都是以事实为根据的，不是以想象为根据的。这些都为中国人接受马克思主义打下了思想基础。中国古人还有丰富的无神论思想。一个美国学者说过，中国古代神话传说故事反映的都是无神论思想，欧洲古代神话反映的是有神论。孔子不语怪力乱神，范缜《神灭论》"神即形也，形即神也，形存则神存，形谢则神灭"的论述极为精彩，就是唯物论观点。这也为中国人接受马克思主义、共产主义理论打下了基础。

道、仁、义、礼等都是中国古人的核心价值，都曾经长期影响中国人的政治生活。道、仁、义、礼等思想也都存在于今天的社会生活中。20世纪50年代，毛泽东同志说，他实行的是大仁政。所谓大仁政，是为政从绝大多数人民的利益出发，当前利益与长远利益要结合。这表明，仁的价值观也还是活在当代政治生活中的。

中国古人还有义利之辨、心物之辨，都是很符合辩证法的。以义利之辨来说，这是一个对立统一的概念，是指要正确、恰当处理义与利的关系，既不是只要义不要利，也不是只要利不要义；以义统率利，则得正当之利。以正当之利充实义，则社会生活能正常进行，物质财富与精神财富相得益彰。对于中国化的马克思主义来说，应该还是以义约束利，提倡利益合理化、利润合理化。

习近平总书记高度重视中华优秀传统文化，提到了古人许多攸关安邦济世、治国理政的思想，包括道法自然、天人合一、天下为公、以民为本、民贵君轻、安民富民、孝悌忠信、礼义廉耻以及清廉从政、勤勉奉公、力戒奢华、居安思危、亲仁善邻、协和万邦等。习近平总书记指出："中国优秀传统文化的丰富哲学思想、人文精神、教化思想、道德理念等，可以为人们认识和改造世界提供有益启迪，可以为治国理政提供有益启示，也可以为道德建设提供有益启发。"完全可以说，中华优秀传统文化精华，可以成为社会主义核心价值观的道德源泉。

中华优秀传统文化，许多是在几千年的历史中形成的，今天要正确地使用，也要经过创造性转化、创新性发展。所谓创造性转化、创新性发展，就是要做到把马克思主义基本原理同中华优秀传统文化相结合，使中华优秀传统文化为新时代中国特色社会主义服务，为中华民族伟大复兴事业服务。

经过这一转化和发展，使追求革命的精神，追求改革开放的精神，追求奋斗的精神，追求民主、自由的精神，追求富强的精神，追求中国特色社会主义现代化的精神，爱国主义精神，民族团结精神，成为中国人新的文化基因；使中国几千年来传承的优秀传统文化，在习近平新时代中国特色社会主义思想指引下通过创造性转化和创新性发展，内化到中国人的血脉中。

在这个过程中，我们建立了马克思主义基本原理同中华优秀传统文化相结合的精神文明。经过中国共产党百年的锻造，中国人的精神面貌发生了根本的变化，中华民族的精神面貌发生了根本的变化。这种精神面貌，是以前历史上未曾见过的，这就是新时代中国人的精神面貌，这就是把马克思主义基本原理同中华优秀传统文化相结合的深刻意蕴。

坚定历史自信　把握时代大势 *

学习习近平总书记为《复兴文库》作的题为《在复兴之路上坚定前行》的序言，笔者收获良多，感想良多。

编纂《复兴文库》，是党中央批准实施的重大文化工程。笔者有幸参加了《复兴文库》编纂工作，主持第二编的编纂，与各卷主编一起，经过 3 年努力和磨砺，完成了编纂任务。

习近平总书记在序言中指出，这部典籍的出版，对于我们坚定历史自信、把握时代大势、走好中国道路，以中国式现代化推进中华民族伟大复兴具有十分重要的意义。参加第二编的编纂工作，阅读了这个时期的历史文献，笔者深切感受到这句话的深刻含义。

中共一大召开时，全国只有 50 余名党员。在民国初期诸多政党中，中国共产党是一个小党，不会得到社会的重视。1927 年，

＊ 本文原载于《人民日报》2022 年 11 月 16 日第 10 版。

蒋介石在上海发动四一二反革命政变，大革命从高潮走向失败。如何把握时代大势，如何判断社会发展方向？许多人是迷茫的。

不被人看重的中国共产党在社会的迷茫中把握住了时代大势，始终在为中华民族伟大复兴事业奋斗。为什么能把握时代大势？因为中国共产党掌握了马克思主义的理论武器，能结合中国的实际，认清了中国的两大问题：一个是帝国主义对中国的侵略和压迫，另一个是封建主义对中国的统治。中国共产党要领导人民革命，首先要进行反帝反封建革命，改变这个导致中国落后挨打的半殖民地半封建社会。朝这个方向走就是时代大势。中国共产党以外，中国社会任何政党（包括国民党）和社会团体都不能认识这个时代大势，不知道如何改变半殖民地半封建的中国。

中国共产党从一开始就能用马克思主义的理论武器，明确规定奋斗目标、制定最高纲领和最低纲领。中国共产党总能在中国历史发展的关键时期，审视国际国内形势，发挥历史主动精神，把握历史方向，提出符合反帝反封建最低纲领的具体奋斗目标，引导人民包括各种政治势力，朝着既定的目标前行。

这方面最典型的体现就是抗日战争时期中国共产党把握时代大势、站在历史正确一边的努力。《复兴文库》第二编第五卷选编了这方面的大量文献。1931 年九一八事变后，日本侵华政策逐渐明确起来。九一八事变后第二天，中国共产党就发表谴责日本侵略的宣言。虽然还在创建农村革命根据地，中国共产党仍然多次发表声明和宣言，呼吁共同抗日。鉴于中日民族矛盾逐渐超越国内阶级矛盾上升为主要矛盾，1935 年，中国共产党发表抗日救国的《八一宣言》后，一直在呼吁"停止内战，一致抗日"，呼吁建立抗日民族统一战线，积极主动地调整阶级关系。1935—1936年，中国共产党把"停止内战，一致抗日"当作当前的主要口号加以推动，这就形成了从"反蒋抗日"到"逼蒋抗日""联蒋抗日"的转变。"停止内战，一致抗日"的主张深得民心，变成了一二·九运动的口号，变成了全国抗日救亡运动的口号，变成了张学良、杨虎城可以接受的口号。

为了推动抗日民族统一战线，中国共产党除了发布党内文件，教育干部和党员执行抗日民族统一战线的路线和政策，还反复向全国人民、各政党、社会团体、一切军队呼吁，不分信仰、不分派别，一切不愿意做亡国奴的人团结抗日、一致救国。在西安事变前，为了推动抗日民族统一战线的建立，中共中央致函国民党二中全会，向各党各派发表通电，呼吁"停止内战，一致抗日"，还以中共负责人毛泽东同志、周恩来同志等人名义，致函蒋介石、张学良、杨虎城、宋哲元、陈果夫、陈立夫、邵力子、王钧、朱绍良、宋庆龄、蔡元培、胡宗南、陈诚、冯玉祥、汤恩伯、王以哲等各党各界各军主要人士，鞠诚劝说"停止内战，一致抗日"，建立抗日民族统一战线的必要性，表达红军愿意开上抗日前线抵抗日本侵略的诚意。正是在这样的推动和努力下，西安事变和平解决；1937年七七事变后，以国共合作为基础的抗日民族统一战线逐渐形成，实现全民族抗战。中国共产党把握历史大势，及时发布抗日救国十大纲领，提出打倒日本帝国主义、全国军事的总动员、全国人民的总动员、改革政治机构、抗日的外交政策、战时的财政经济政策、改良人民生活、抗日的教育政策、肃清汉奸卖国贼亲日派、抗日的民族团结等十大主张，积极推动全面抗战。接着，中共中央又致电国民党临时全国代表大会，提出八项建议：用一切宣传鼓动方法号召全国人民以中华民族必胜的信心、继续动员全国武力人力财力物力为保卫西北保卫武汉而战、继续扩大与巩固抗日民族统一战线、继续扩大与巩固国民革命军、继续改善政治机构、继续全国人民的动员、实施优待抗日军人家属等法令、组织抗战的经济基础等。这些建议和措施，对于影响国民党临时全国代表大会作出有利于抗战的决议起了重要作用，对于促进抗战相持阶段到来起了积极的作用。

中国共产党还在敌后开辟了广大的抗日根据地，进行了政权建设，实施了"三三制"、减租减息等有利于调动各阶层人民抗战积极性的政策，形成坚不可摧的抗战意志。中国共产党在抗日根据地的局部执政，积累了丰富的经验，成为新中国成立后全国执政能力的来源之一。《复兴文库》第二编第六卷用8册展示了中国共产党在抗日根据地局部执政时期的文献。

《复兴文库》第二编的历史文献说明，中国共产党所做的这一切，都是站在历史正义的一方，站在历史前进的方向，把握时代大势，推动历史前进的。正因为日积月累、长期坚持、克服万难，中国共产党得到了人民的信任，得到了社会各界的信任，力量也成长壮大起来，终于取得了新民主主义革命的胜利，建立了新中国。

这些历史经验对于党和人民建设新中国，探索中国特色社会主义道路，以中国式现代化推进中华民族伟大复兴起到了非常重要的作用。回顾中华民族伟大复兴的历程，《复兴文库》是一部值得重视的历史文献，我们可以从中找到走好中国道路的精神力量。这就是我们的历史自信。

试论人类文明新形态 *

习近平总书记在庆祝中国共产党成立 100 周年大会上指出：
"我们坚持和发展中国特色社会主义，推动物质文明、政治文明、
精神文明、社会文明、生态文明协调发展，创造了中国式现代化
新道路，创造了人类文明新形态。"① 中共十九届六中全会通过的
《中共中央关于党的百年奋斗重大成就和历史经验的决议》，在谈
到党的百年奋斗深刻影响了世界历史进程时，再次肯定了"创造
人类文明新形态"这个提法："党领导人民成功走出中国式现代化
道路，创造了人类文明新形态，拓展了发展中国家走向现代化的
途径，给世界上那些既希望加快发展又希望保持自身独立性的国
家和民族提供了全新选择。"②2022 年 5 月 27 日，习近平总书记

＊ 本文原载于《河北学刊》2023 年第 1 期。

① 习近平：《在庆祝中国共产党成立 100 周年大会上的讲话》，《人民日报》2021 年
7 月 2 日第 2 版。

② 《中共中央关于党的百年奋斗重大成就和历史经验的决议》，《人民日报》2021 年
11 月 17 日第 1 版。

就把中华文明历史研究引向深入发表重要讲话，指出："我们要建立中国特色、中国风格、中国气派的文明研究学科体系、学术体系、话语体系，为人类文明新形态实践提供有力理论支撑"①。在党的二十大报告中，习近平总书记再次强调："中国式现代化的本质要求是：坚持中国共产党领导，坚持中国特色社会主义，实现高质量发展，发展全过程人民民主，丰富人民精神世界，实现全体人民共同富裕，促进人与自然和谐共生，推动构建人类命运共同体，创造人类文明新形态。"② 习近平总书记和中共中央一再强调创造人类文明新形态，具有强烈的理论意义和实践意义，非常值得学术界、理论界深入认识，加强探讨。

一、人类文明新形态是一个全新的社会形态概念

人类文明新形态是一个全新的社会形态概念，是一个社会发展概念，是 21 世纪马克思主义中国化新概念，是世界历史进程中的新概念，是与人类命运共同体相联系的概念，值得学术界、理论界加以研究与阐发。

笔者认为，文明形态就是指社会形态。按照马克思主义社会形态学说，人类告别了原始社会的蒙昧状态后，进入文明时代。

①习近平：《把中国文明历史研究引向深入 增强历史自觉坚定文化自信》，《求是》2022 年第 14 期。

②习近平：《高举中国特色社会主义伟大旗帜 为全面建设社会主义现代化国家而团结奋斗——在中国共产党第二十次全国代表大会上的报告》，《人民日报》2022 年 10 月 26 日第 1 版。

人类文明形态存在不同的样式，是逐步递进的。从奴隶社会开始，人类就进入了文明社会。迄今为止，人类历史上经历了奴隶社会文明即奴隶社会形态、封建社会文明即封建社会形态、资本主义社会文明即资本主义社会形态。在当今世界上，有关奴隶社会形态的知识只能从书本上寻找，有关封建社会形态也不多见。一些国家还有皇帝、国王，基本上是虚君制，即使皇帝、国王实际掌握权力，其政治与经济体制，可能大多与封建时代有区别了。典型的如英国、日本。英国有女王，日本有天皇。女王对外代表英国，天皇对外代表日本。然而，女王和天皇的权力仅限于此，对国内政局不负责任。谁都知道，英国、日本是资本主义国家。

今天在世界上占主流的社会形态是资本主义社会形态。在社会主义社会出现之前，资本主义社会形态是人类进入文明社会以来文明程度最高的社会形态。马克思、恩格斯曾经高度评价资本主义生产方式的革命性作用。马克思、恩格斯在《共产党宣言》里说，"资产阶级在它的不到一百年的阶级统治中所创造的生产力，比过去一切世代创造的全部生产力还要多，还要大"。这个评价，是符合人类社会发展历史事实的。资本主义生产方式经历了长期发展的过程，是生产方式和交换方式一系列变革的产物。生产的集中，大工业手段的采用，世界市场的建立，使得资产阶级在现代代议制国家里夺得了独占的政治统治。《共产党宣言》当年说："现代的国家政权不过是管理整个资产阶级的共同事务的委员会罢了。"从今天看，这句话也是再恰当不过了。站在今天，资本主义社会形态是什么样？我们通过现实已经看得很清楚了。

资本主义国家有很发达的，有次发达的，也有不太发达的。各国的情况差别虽然很大，但资本家私人占有生产资料，生产以利润最大化为目的，以剥削无产阶级和劳动者的剩余价值为基本手段则是相同的。政治上采用总统制、内阁制、议会制，一党制、两党制或者多党竞选制，各国形式不同，但大选时选民有权投票，大选过后，选民无权过问，则是相同的。由于追求利润无限大，造成资本的垄断性，垄断资本追逐市场、资源和利润，基本手段是掠夺，这就形成帝国主义是战争发动者的根本特征。这是列宁《帝国主义论》的基本观点。进入20世纪以来，世界上的大规模战争，包括两次世界大战，都是资本—帝国主义发动的。社会极大部分财富集中在极少数人手中，贫富悬殊，也是资本主义社会形态的一个显著特征。2011年，美国发生"占领华尔街"运动，运动参加者帽子上贴着写有"99%"的标签，缘于美国一份调查表明，99%的老百姓与1%的富豪之间贫富两极分化加剧。这个调查数据未必很精准，但它大体反映了社会财富占有状况是真实的。第二次世界大战后，由于受到社会主义体制的刺激，西方资本主义国家采取了一些类似于失业救济方面的福利措施，对于缓解社会矛盾，减少大规模工人罢工，起到了一些作用。今天的事实表明，资本主义虽然比奴隶社会、封建社会好，但在一种新的社会形态——社会主义社会形态并存的情况下，资本主义社会是否仍是最美好的，已经越来越受到挑战了，美国学者福山所写《历史的终结》中，说历史将终结于资本主义的观点，越来越成为一种非历史的、带有资本主义意识形态性质的结论。人类文明新形态，本质上是社会主义社会新形态，是超越资本主义社会形态的。

二、苏联社会主义形态的历史意义

20 世纪以来，占主流地位的资本主义社会形态之外，世界上还诞生了社会主义社会形态。1917 年十月革命后，出现了苏维埃俄国，1924 年建立苏维埃社会主义共和国联盟，简称"苏联"。苏联是在俄国农民占人口多数，而又处于不太发达的资本主义社会基础上建立的，是有别于资本主义国家的社会主义国家，是人类文明社会发展史上出现的一种新的社会形态。列宁、斯大林最重要的理论和实践贡献是，突破了马克思、恩格斯最初设想的社会主义必须在欧洲发达资本主义的基础上进入社会主义的理论，提出了一国可以建成社会主义的理论。1925 年，俄共（布）第十四次代表大会所作出的决议《关于共产国际和俄共（布）的任务》中肯定了斯大林的观点。1926 年，斯大林在《论列宁主义的几个问题》一文中特别列出标题为"关于社会主义在一个国家内胜利的问题"，并明确指出："社会主义可能在一个国家胜利是什么意思呢？这就是可能用我国内部的力量来解决无产阶级和农民间的矛盾，这就是在其他国家无产者的同情和支持下，但无须其他国家无产阶级革命的预先胜利，无产阶级可能夺取政权并运用这个政权来在我国建成完全的社会主义社会。"①斯大林明确指出，在俄国这个落后的资本主义国家通过无产阶级革命夺取政权，完全可以在一国之内建成社会主义社会的论点，系列宁主义的理论创造，这是对马克思主义理论宝库的重大贡献。苏维埃社会主义共和国联盟成立后，实行生产资料公有制，农村实行集体农庄制度，组织经济生产实行完全的计划经济，不过几个五年计划，就把原本落后的俄国经济迅速提升了，苏联成为比较先进的工业化国家，工业能力成为欧洲第一强，在世界上仅次于美国，并赢得了第二次世界大战暨反法西斯战争的伟大胜利，苏联历史学家称之为伟大的卫国战争的胜利。这至少说明，苏联以马克思列宁主义为指导思想，建立了以斯大林为核心的苏共领导集团，采用计划经济手段组织生产，在大幅度提高生产力，迅速强大国民经济能力，在提高人民福利，满足人民生活需要方面优于资本主义社会。这一点，对于中国的知识界是有很大影响的。1936年，苏联通过《斯大林宪法》，宣布苏联成为社会主义国家。第二次世界大战后，亚洲、欧洲、拉丁美洲也出现了一些社会主义国家。这不是在一国实现了社会主义，而是在多国实现了社会主义。由此而言，关于如何描述社会主义社会形态，变得有些复杂。本来是可以按照苏联建成社会主义的经验来阐明社会主义社会形态。但是，1956年苏共召开二十大，把列宁、斯大林这面旗帜扯下来了，此后30多年，苏共和苏联不能坚持马克思主义，不能建设坚强

---

① 《斯大林全集》第八卷，人民出版社1954年版，第64页。

有力的党，计划经济体制越来越僵化，使得苏联生产力发展活力丧失，经济发展能力下滑，以至于戈尔巴乔夫搞"公开化""透明度""总统制"，改革力度向西方资本主义制度倾斜，导致苏联和东欧社会主义国家纷纷解体。俄罗斯和东中欧原社会主义国家改旗易帜，接纳了资本主义制度。卫星上天，红旗落地。以苏联为案例来描述社会主义社会形态，已变得难以令人信服。

苏联的解体说明了苏联社会主义社会形态不足为训。当然，苏联社会主义失败，并不等于社会主义制度失败。苏联解体了，中国、朝鲜、越南、古巴等社会主义国家仍屹立在世界上。特别是在中国这样一个世界大国建立起来的社会主义为什么可以屹立不倒，这就需要进行说明。新中国成立后，中国通过在一个半殖民地半封建社会里进行反帝反封建革命成功，走上了社会主义道路，在学习苏联经验，探索符合中国实际的社会主义发展道路过程中，形成了自己的经验与特色。首先在国民经济发展秩序上，其次在工业发展的积累上，最后在计划经济与利润、经济发展与刺激手段上，中国结合本国国情和发展实践有了自己的思考和独立判断，把苏联发展国民经济的重轻农顺序改成了农轻重，这同时解决了工农业发展的比例和积累问题。当苏联社会主义失败的时候，中国在自己不断探索的基础上稳稳地站了起来，形成了改革开放、集中力量抓经济、坚持四项基本原则的邓小平理论，形成了中国特色社会主义。这是马克思主义中国化的第二次飞跃。中国特色社会主义的相对物不是资本主义，而是苏联社会主义，它的基本特点是：坚持中国共产党的领导，坚持社会主义道路，坚持对外开放，集中精力发展经济，尽快提升社会生产力，把资本主义积累起来的成功的经营管理方式、市场经济模式吸纳入社会主义经济管理的运行方式中来，形成社会主义市场经济制度。社会主义市场经济制度是前无古人的。在这样一个政治制度和经济制度下，中国特色社会主义终于摆脱了苏联社会主义失败的前景，变得欣欣向荣，在世界多种经济、政治体制的比较中站立起来，可以傲视群雄了。在中国共产党坚强领导下建立的这个政治制度和经济制度双重作用下，中国的社会生产力在短短几十年时间里获得了高速发展，社会秩序和人民生活长期稳定，经济总量不仅超越了苏联，也超越了美国以外的主要资本主义国家，并在追赶美国的过程中，把其他资本主义国家远远抛在后面。

三、资本主义社会形态危机四伏

从另一个角度说，苏联社会主义的失败并不等于西方资本主义的胜利。在美国一些预言家看来，苏联解体、东欧剧变是社会主义的大失败，是资本主义的大胜利。福山的历史终结于资本主义也是在这个历史背景下说的。我们看苏联解体、东欧剧变后 30 年，世界历史的发展与变化却完全出乎这些预言家的预料，历史并没有按照他们的愿望发展。苏联解体、东欧剧变，美国独大，但以美国为首的资本主义社会却一点儿也不安宁。1991 年后，美国连续发动对外侵略战争——第一次侵略伊拉克战争，轰炸南联盟、发动科索沃战争导致南联盟解体，侵略阿富汗战争，第二次侵略伊拉克战争，侵略利比亚战争，侵略叙利亚战争，对伊朗实施长期制裁，等等，到处发动颜色革命，强力推广所谓的美国民主模式，搅得全世界不得安宁。但是，美国本身也并未因此而安宁下来。2001 年，发生"9·11"事件；2008 年，发生金融危机，导致整个欧洲出现经济危机；2011 年，发生"占领华尔街"事件；2017 年，美国总统特朗普发起退群事件，大搞单边主义；2020 年，黑人弗洛伊德被警察错误执法致死事件，导致全美国出现黑人民权运动。2020 年以来，西方世界生产低迷，供应链出了问题，经济生活混乱，通货膨胀，危机四伏。2021 年 1 月，由于美国政治上的撕裂，部分人攻占国会，创造了美国历史上民主体制不光彩的一页。美国国会至今还在为"攻占国会"事件举办听证会，对"攻占国会"事件有"未遂政变"的判断。种种迹象清楚显示，昔日创造了历史奇迹的资本主义国家开始自顾不暇，开始日落西山，美国式的民主难以满足社会进步的需要，美国以其民主价值观对外发动的一系列颜色革命不仅未能繁荣世界，反而更加搅乱了世界。非常明显，资本主义社会形态出现了裂口，出现了走向历史后台的种种迹象。

2021 年，中国总产值比 2020 年上升 8.1%，超过 114 万亿元人民币，按美元折算为 17.73 万亿，达到美国总产值的 77% 以上，超过了欧盟 27 国的总和，是日本总产值的 3 倍以上，与西方各国的情况对比极为鲜明。这让中国人民对中华民族伟大复兴的前景更有信心了。

四、从大历史观看中国特色社会主义促进生产力的飞跃发展

从长时段历史来看，从大历史观来看，中国特色社会主义的优越性早已表现出来了。特别是在发展速度、发展质量方面早已超过资本主义国家。根据国家统计局数据，从纵向比较，中国国内生产总值，1952 年为 679 亿元；1962 年为 1162 亿元，比 1952 年增长近 1 倍；1972 年为 2552 亿元，比 1962 年增长超 1 倍；1982 年为 5373 亿元，比 1972 年增长超 1 倍；1992 年为 2.7194 万亿元，比 1982 年增长超 4 倍；2002 年为 12.1717 万亿元，比 1992 年增长近 4 倍；2012 年为 53.8759 万亿元，比 2002 年增长近 4 倍。这就是说，从 1952 年到 1982 年，每个 10 年都比上个 10 年增长 1 倍；1982 年到 2012 年，每个 10 年都比上个 10 年增长约 4 倍。中国生产力发展增速在世界上是无出其右的。从横向比较，2000 年中国国内生产总值达到 10 万亿元，超过意大利；2005 年达到 18 万亿元，超过法国；2006 年达到 22 万亿元，超过英国；2007 年达到 27 万亿元，超过德国；2010 年达到 40 万亿元，超过日本，成为世界第二大经济体。此后，中国经济总产值一路上升。2020 年，中国总产值超过 101 万亿元，达到美国总产值的 70%，是全球唯一实现经济正增长的主要经济体，成为推动全球经济复兴的主要力量。按照目前的发展速度，据国外权威经济机构的评议，未来 10 年中国总产值超过美国是没有悬念的。

五、中国特色社会主义标示了人类文明新形态

在这种国际国内大环境下，特别是从 70 多年当代中国社会主义生产力发展步伐，我们可以观察出，什么是人类文明新形态。这首先需要看什么是中国特色社会主义所创造的社会主义新的社会形态。应该说，中国社会主义文明新形态是逐渐形成的，经历 70 多年的发展。通过党的十八大到二十大以来的发展与进步，可以清晰地看出一个眉目来了。笔者试着从物质文明、政治文明、精神文明、社会文明、生态文明五个方面来加以阐述。

——以国有经济为主导的经济基础体现的物质文明。与生产资料私有制的资本主义国家不同，也与苏联的生产资料公有制不同，中国特色社会主义实行的是国有经济为主导、国有经济和民营经济"两个毫不动摇"发展，涉及国计民生、社会共有的大型企业属于国有，中小企业、劳动密集型产业一般属于民营。无论是国有还是民营，都是在中国特色社会主义的大框架下运营，为中国特色社会主义建设和发展服务。中国经济的经营管理体制采取社会主义市场经济，使市场在资源配置中起决定性作用，同时更好地发挥政府作用，政府主要是制定经济发展的宏观方针与政策，调节市场主体之间的关系，发挥生产力诸要素的积极作用，支持资本健康发展，引导资本沿着中国特色社会主义的方向运作，防止资本无序扩张。作为执政党，中国共产党的核心领导作用始终保证着国家、社会发展的正确方向。

中国实行的社会主义市场经济，是一个全新的经济运行模式，是苏联社会主义社会时期不曾有过的，更是世界资本主义经济模式不曾有过的。它不是自由资本主义时代的市场经济，也不是垄断资本主义时代的市场经济，而是中国特色社会主义的市场经济，是看不见的手与看得见的手结合起来、交相为用的经济运行模式。这种模式，不仅支持了公有制经济，也支持了民营经济，引导资本的投向，使公有制经济和民营经济都要为发展社会主义生产力服务，为满足人民大众日益提高的对美好生活需求服务。看不见的手对于生产力发展过程中资源配置、调节市场运行起着极为重要的作用，是生产力发展自身规律的表现。苏联社会主义经济制度下，没有那只看不见的手，只有看得见的手，经济运行越来越僵化，经济发展显得停滞甚至倒退。社会主义市场经济，完全是中国特色社会主义建设和发展实践的伟大创造。有国外学者认为，中国坚持社会主义，不拒绝资本主义，既不是公有制经济，也不是市场经济。这种认识，不仅是肤浅的，也是有很大误会的。

构建以国内大循环为主体、国内国际双循环相互促进的新发展格局。当前，面对国际大变局的世界之变、时代之变、历史之变，人类社会面临前所未有的挑战，要构建新时代这样一个发展新格局至关重要。中国是一个大国，有着庞大的国内市场，建设国内统一大市场，打破地区性限制，形成国内大循环，这是发展社会主义市场经济的大举措，同时加大开放力度，形成国内国际双循环的市场大格局，这就足以保证国内经济顺畅发展，保证国内经济与国际经济环境的广泛联系与沟通，保证社会主义生产力永葆活力。

中国的经济体制与已经失败的苏联的经济体制不同，也与资本主义现行经济体制不同，是一种全新的经济形态，在经济基础、经济发展模式上体现人类文明新形态，是社会主义社会全新的文明形态。在这种经济体制下，中国只用了几十年时间就基本赶上了资本主义发达国家用几百年时间才达到的经济发展水平，而且在世界上率先消灭了绝对贫困现象，全面建成小康社会，保证中华民族伟大复兴事业的有力推进。在中国这样一个大国里，消灭绝对贫困现象不是一件小事。在世界上人口超过5000万的大国里，只有中国共产党领导十几亿人民共同奋斗才能做到消灭社会上的绝对贫困现象。这既是社会主义生产力优越性的体现，更是人民至上理念的体现。凡此无不证明，这是人类历史上迄今为止最好的、最能促进生产力发展的经济模式。

——以人民民主专政为国体，以人民代表大会制度为政体的全过程人民民主体现的政治文明。建立民主体制，是中国共产党成立以来不懈追求的目标。在考虑未来国家体制时，毛泽东同志说，所谓国体，"它只是指的一个问题，就是社会各阶级在国家中的地位"①。按照这个观点，奴隶社会里，奴隶主占有统治地位，奴隶是被统治的。古代的雅典、斯巴达和罗马诸城邦国家，奴隶是不会享受民主的。封建社会里，地主阶级居于社会的统治地位，农民和资产阶级是被统治的。资本主义社会里，资产阶级变成统

---

① 《毛泽东选集》第二卷，人民出版社1991年版，第676页。

治者，工人阶级和广大劳动者处于被统治地位。以上可见，从奴隶社会到资本主义社会，只有少数统治者有民主，多数被统治者是没有民主的。中国是在半殖民地半封建国家里取得反帝反封建革命成功建立新中国的。1940 年，毛泽东同志说，谁能领导人民推翻帝国主义和封建势力，谁就能取得人民的信仰。"中国无产阶级、农民、知识分子和其他小资产阶级，乃是决定国家命运的基本势力。"① 他在 1949 年 6 月说，"人民是什么？在中国，在现阶段，是工人阶级，农民阶级，城市小资产阶级和民族资产阶级。这些阶级在工人阶级和共产党的领导之下，团结起来，组成自己的国家，选举自己的政府"，"对人民内部的民主方面和对反动派的专政方面，互相结合起来就是人民民主专政"②。1956 年，他说："在现阶段，在建设社会主义的时期，一切赞成、拥护和参加社会主义建设事业的阶级、阶层和社会集团，都属于人民的范围；一切反抗社会主义革命和敌视、破坏社会主义建设的社会势力和社会集团，都是人民的敌人。"③ 新中国这个人民民主专政的国家体制，与资产阶级国家的民主体制不同，也与苏联的无产阶级民主体制不同，苏联的无产阶级专政是以工农联盟为基础的，是不给资产阶级民主权利的。

很清楚，新中国的人民民主专政，是占人口绝大多数的人民对占人口少数的反动派的专政。换句话说，新中国的民主是占人

① 《毛泽东选集》第二卷，人民出版社 1991 年版，第 674 页。
② 《毛泽东选集》第四卷，人民出版社 1991 年版，第 1475 页。
③ 《毛泽东著作选读》下册，人民出版社 1986 年版，第 757—758 页。

口绝大多数人的民主。人类历史上出现过的所有社会形态，都是少数人的民主，多数人是被排除在民主之外的。

资产阶级的民主制度，是在同封建阶级的斗争中产生的，是旧民主主义的民主制度。各国的民主政治形式或许有异，但维护资产阶级利益是一致的。这种民主制度，实行代议制，通过竞选选出资产阶级的代议人，组成议会决定国家的重大事项。单就美国而言，议员中不乏百万富翁。一般来说，议员是资本的代言人。议会的院外游说团往往传达利益集团的要求，晓以利害，力求通过对利益集团利好的法律。美国历年对外发动战争，对内枪杀事件不断，就是因为美国国会和政府要保证军事利益集团的利益。美国总统是通过直接选举和间接选举的形式选出的，总统候选人要对不同利益集团的选民曲尽阿好，许以利益，获得某些利益集团的政治捐款，才能赢得选举。因此，当选人未必是治国理政的精英人才，但必须是资产阶级利益的维护者。

中国的民主是建立在绝大多数人民利益基础上的民主，是维护、保障人民不断改善福祉的民主，是维护、保障中国人民和平生活的民主，是维护一切劳动者利益的民主，所以它既不是资产阶级民主，也不是苏联式的民主。中国的国家最高权力机关是全国人民代表大会，全国人民代表大会代表由各省、自治区、直辖市和中国人民解放军选举产生，人大代表必须拥护宪法、拥护中国共产党领导、拥护社会主义制度。在人大代表中，既有工人阶级的代表，也有农民的代表，还有各方面的基层代表。这也是一种代议制，但它不是资产阶级议会里各个利益集团的代表组成的代议制，而是代表最广大人民群众利益，为最广大人民福祉发声的代议制民主。全国人民代表大会作为国家最高权力机关，代表人民意志，根据宪法行使以下职权，如修改宪法；监督宪法的实施；制定和修改刑事、民事、国家机构的和其他的基本法律；审查和批准国民经济和社会发展计划和计划执行情况的报告等。全国人民代表大会实行最广泛的人民民主，按照程序正义决定国家发展重大事项，不反映特定利益集团、特定权势集团的利益。

当代中国政治框架下，中国实行中国共产党领导的多党合作和政治协商制度，这是通过政治协商会议建立的对国家事务进行协商的民主制度。中国共产党不代表任何利益集团、任何权势集团的利益。中国共产党没有自己一党的私利，所谋的是全国绝大多数人民的公利，是中国人民、中华民族的长远利益。关于国内民族事务，实行民族区域自治制度，使各民族在中华民族共同利益下获得共同进步。在国家社会政治经济和文化生活各方面，实行民主选举、民主决策、民主管理、民主监督。这个全过程人民民主，基本上保证了国家社会经济生活的稳定发展，保证了生产力的快速进步，推进了全面深化改革、全面依法治国的步伐。这个全过程人民民主，有别于西方国家号称民主价值观的民主，有别于苏联时期的民主，是一种全新的民主新形态，是社会主义民主新形态，也是人类社会的民主新形态。

——马克思主义基本原理同中华优秀传统文化相结合体现的精神文明。精神文明是支撑一个社会发展进步的软实力，它与经济、政治构成的硬实力是驱动社会发展进步的两个轮子。习近平总书记指出："人民有信仰，民族有希望，国家有力量。"① "实现中国梦，是物质文明和精神文明均衡发展、相互促进的结果。没有文明的继承和发展，没有文化的弘扬和繁荣，就没有中国梦的实现。"② 讲的就是这个道理。精神文明的核心是文化，文化的核心是意识形态属性。经过中国共产党百年的锻炼和塑造，中国人的精神面貌发生了根本的变化，中华民族的精神面貌发生了根本的变化，与百年前人们指责的中国人的国民劣根性有了根本性的变化。追随中国共产党的领导，相信中国特色社会主义道路能带领人民致富、国家致强，学习马克思主义中国化时代化的理论已经成为时尚；追求革命的精神、追求改革开放的精神，追求奋斗的精神、追求民主自由的精神，追求富强的精神，追求中国式现代化的精神，爱国主义精神，民族团结精神，已经成为中国人的文化基因；君子以自强不息的进取精神，厚德载物的以德化物精神，君子取之有道的义利观，实事求是的务实精神，天下大同的观念，以上中国几千年来传承的文化思想，业已在习近平新时代中国特色社会主义思想指引下通过创造性转化，内化到中国人的血脉中。这些形成了中国的精神文明。这种精神文明不同于资本主义社会的精神文明，不同于苏联社会的精神文明，也不同于中国古代社会的精神文明，是中国特色社会主义新时代形成的精神文明新形态，是人类社会文明新形态。

——共同奋斗、共同富裕体现的社会文明。社会文明内容比

---

① 《习近平谈治国理政》第二卷，外文出版社 2017 年版，第 323 页。
② 习近平：《在联合国教科文组织总部的演讲》，《人民日报》2014 年 3 月 28 日第 3 版。

较宽泛，主要指社会秩序稳定、和谐，社会成员文化素质较高，依法治国强化，社会基层单位自治，社会治理代价较小，等等。这里主要从共同奋斗、共同富裕层面加以说明。共同富裕符合马克思、恩格斯对未来理想社会的描述，也为中国共产党一再强调，从毛泽东同志到习近平总书记，历代党的领导人都曾强调过中国社会的共同富裕前景。习近平总书记在党的十八大后反复强调共同富裕是社会主义的本质要求，是中国式现代化的重要特征。2021 年 1 月 11 日，在省部级主要领导干部学习贯彻中共十九届五中全会精神专题研讨班开班式上，习近平总书记深刻阐述实现共同富裕的重要意义："实现共同富裕不仅是经济问题，而且是关系党的执政基础的重大政治问题。""我们决不能允许贫富差距越来越大、穷者愈穷富者愈富，决不能在富的人和穷的人之间出现一道不可逾越的鸿沟。"中国共产党信奉人民至上，把实现全体人民共同富裕视为党的重要目标和使命——稳就业，保民生，是为了共同富裕；教育公平，是为了共同富裕；卫生医疗保障，也是为了共同富裕；扶贫，消灭绝对贫困，是为了共同富裕；"两个一百年"奋斗目标，也是为了实现共同富裕。总之，改革发展的成果要惠及全体人民，使社会分配更加公平、合理，使人人都有获得感和幸福感。

只有做到共同富裕，社会的公平正义才可能真正实现，社会生产力发展的动力才可能具有无限扩大的潜力，社会稳定和谐发展的目标才可能真正实现。但共同富裕绝不是一蹴而就的，也不是一句口号就能达到的，需要人民群众共同奋斗，共同推进社会生产力的发展，社会的"蛋糕"才可能做得足够大，共同富裕的物质基础才能够变得厚实起来。因此，共同奋斗、共同富裕成为新时代社会主义的社会文明，是一种新文明形态。这个新社会形态完全不同于资本主义社会无限追求利润最大化，不顾人民群众死活的社会形态。

——绿水青山、天人合一体现的生态文明。习近平总书记所说的"绿水青山就是金山银山"这句话，把生态文明的内涵讲得再清楚不过了。把生态文明与经济、政治、文化和社会建设放在同等的战略地位，构成"五位一体"总体布局，在中国历史上，在世界历史上，在世界社会主义和共产主义运动历史上，都是没有先例的。从提出生态文明建设到为实现碳达峰、碳中和而努力，中国人民正在全力推动美丽中国的繁荣盛世，推动地球气候的改变。放眼世界，地球还是那个地球，人类的现代化活动却逼得地球发生了许多不利于人类生存的改变。我们要改变这种发展观，要运用天人合一的观念重新安排河山。也就是说，发展要服从"绿水青山"，反过来，"绿水青山"要支持发展。"绿水青山"观念是中国古人天人合一观念在新时代的再现——改造自然，适应自然，人与自然和谐相处。在这种新观念下来发展，会出现发展的新视界。生态文明就是中国特色社会主义新时代条件下新的文明形态的突出表现形式。

新时代把经济建设、政治建设、文化建设、社会建设和生态文明建设"五位一体"统筹推进，即五个文明总体推进，这就形成了中国特色社会主义的社会形态的总体概念，也就是人类文明新形态的总体概念。这一点，我们已经看得越来越清晰了。到第二个百年奋斗目标实现时，就可以用更加明确、更加肯定的语言来描述这个新形态，看到这个新形态不断丰富和发展。那时候，中国人民就可以作出判断，社会主义初级阶段是否可以跨越过去，可以迈向社会主义发展的更高阶段了。

当然，必须指出，由中国特色社会主义所显示的人类文明新形态是通过中国式现代化推进的。限于篇幅，本文不能展开讨论中国式现代化问题。中国式现代化，中国特色社会主义，离不开中国共产党的领导，离不开这个最本质的特征。所以说，只有始终以人民为本、为人民服务，不代表任何利益集团的中国共产党才能规划出这个"五位一体"的新形态，才能创造和推进这个文明新形态的实现。离开中国共产党的领导，只想复制这个"五位一体"，是难以成功的。关于这个问题，本文也不展开讨论。

从《复兴文库》看我们党把握历史前进方向的能力 *

  《复兴文库》是党中央批准实施的重大文化战略工程，反映了近代以来中华民族伟大复兴的历程，是一部非常庞大的大型文献丛书。习近平总书记高度重视并且亲自审定批准了编纂出版方案，并于 2022 年 9 月专门为这套大型丛书作序《在复兴之路上坚定前行》，高度评价这套丛书的出版。

  序言指出，"修史立典，存史启智，以文化人，这是中华民族延续几千年的一个传统。编纂《复兴文库》，是党中央批准实施的重大文化工程。在我们党带领人民迈上全面建设社会主义现代化国家新征程之际，这部典籍的出版，对于我们坚定历史自信、把握时代大势、走好中国道路，以中国式现代化推进中华民族伟大复兴具有十分重要的意义"。

---

  * 本文原载于《中国出版传媒商报》2023 年 4 月 7 日第 2 版。

《复兴文库》的编辑原则是"以中华民族复兴为总主题，以思想史作为基本线索和编选逻辑"，强调思想史的意义。《复兴文库》选编了从 1840 年鸦片战争以来为中华民族复兴而奋斗的各种社会力量、仁人志士以及先进政党所形成的历史文献，以 1921 年中国共产党成立以来形成的历史文献为主要线索，以具有思想史意义为各种文献入选的衡量标准。

　　为什么《复兴文库》的编纂要以思想史为基本线索呢？因为人们的行动从来都是由思想来指导的，有什么样的思想就会有什么样的行动。《复兴文库》精选了鸦片战争以来同中华民族伟大复兴相关的一些重要文献，全景式展现中华优秀儿女为实现国家富强、民族振兴、人民幸福而不懈探索、百折不挠的历史足迹，集中展现影响中国发展进程、推动民族复兴的思想成果，深刻揭示中华民族一步一步走向伟大复兴的历史逻辑、思想源流和脉络。

　　《复兴文库》总共五编，第一至第三编于 2022 年 9 月由中华书局出版，共 195 册。

　　述录先人的开拓，启迪来者的奋斗。从第二编所选的历史文献来看，中华民族复兴的伟大梦想集中体现在中国共产党的奋斗上，集中体现在中国共产党对中国革命道路的探索上，集中体现在党领导人民克服千难万险战胜内外敌人获得新民主主义革命的伟大胜利上，集中体现在马克思主义中国化时代化的创造上，也集中体现在各方面为实现民族复兴事业勇敢探索、艰苦奋斗，不惜前赴后继的事业上。

　　为什么只有中国共产党把握住了时代大势？因为共产党掌握

了马克思主义的理论武器，用马克思主义理论分析和判断国际局势，而且结合中国实际，认清中国社会有两大问题，一个是帝国主义对中国的侵略和压迫，另一个是封建主义对中国的统治，因此中国是一个半殖民地半封建社会。

中国共产党领导人民革命，领导人民走向未来的共产主义社会，首先要进行反帝反封建革命，改变导致中国落后挨打的半殖民地半封建社会。朝着这个方向走就是时代大势，就是历史正义。共产党以外，中国社会任何政党和社会团体，包括当时的中国国民党都没有认识到这个时代大势，都不知道如何去改变帝国主义和封建主义统治下的中国这个现状、这个现实。

中国共产党从一开始就能够用马克思主义理论武器明确规定自己奋斗的最高纲领和最低纲领。党的一大就明确了共产主义的奋斗目标，这就是最高纲领。党的二大再次肯定了最高纲领，同时提出了打倒军阀、推翻国际帝国主义的口号，此后逐渐形成反帝反封建的新民主主义革命纲领。这就是党的最低纲领，是当时的奋斗目标。

中国共产党在长达28年的民主革命时期，一直坚持执行这个最低纲领。共产党总能在中国历史发展的关键时期，审视国际国内形势，发挥历史主动精神，把握历史前进方向，提出符合反帝反封建最低纲领的具体奋斗目标，引导人民，包括各种政治势力，朝着既定目标前行。

一个政党既有最高标准，又有当前的奋斗目标，除了中国共产党，在中国历史上其他政党都没有最高纲领和最低纲领的说法。

以两次国共合作为例。第一次国共合作时期，中国共产党刚刚成立两三年。当时接受了共产国际的建议，与中国国民党合作，以中共党员个人身份参加国民党，中共党组织仍然保持独立运作。中共党员帮助孙中山改组了中国国民党，帮助孙中山筹备了中国国民党第一次全国代表大会。大会通过的中国国民党一大宣言，这是国民党最重要的文件。宣言是共产国际代表鲍罗廷根据共产国际精神和孙中山思想，用俄文撰写，由瞿秋白同志把俄文翻译成中文，李大钊同志参加审查。一大宣言提交给孙中山，征求了孙中山同意，尽管中间有一些斗争，总体来讲孙中山同意了一大宣言，然后交给审查委员会，由审查委员会审查通过。李大钊、于树德等共产党员是大会宣言的审查委员，毛泽东同志是大会章程审查委员会委员，章程是国民党章程，谭平山担任国民党一大党务审查委员会委员。

可见国民党一大通过的主要文件都有中国共产党人参与制定。很显然，中共的最低纲领基本思想已经渗透到国民党一大的主要文件中了。孙中山的新三民主义，在最低纲领的意义上与中共的主张基本相同，这就达成了国共合作的政治基础。在国民党一大上，国民党完成了改组，主要是对外形成了联俄联共扶助农工的基本政策，对内进行党务革新。国民党从此由一个比较封闭的、松散的、几乎失去前进方向的精英型政党，转变为一个具有广泛群众基础、具有明确方向和主张的现代型政党。国共关系破裂以后，没有共产党的帮助，国民党再次成为一盘散沙。

正是在国共合作的大好形势下，在加入国民党的共产党员的努力下，轰轰烈烈的国民大革命席卷全国，国民党一大以后，全国范围的大革命高潮迅速到来。但是，打着"左派"幌子的国民党右派害怕共产党势力的发展，1927 年 4 月蒋介石发动了反革命政变，7 月汪精卫发动七一五反革命政变，国共合作彻底破裂，大革命失败，许多共产党员倒在血泊中。

第一次国共合作是中共掌握历史命运，引导历史正确方向的一次尝试。这次尝试没有成功。虽然中共的历史方向是正确的，但是自身的力量还比较小，尚不足以带动局势向着正确的方向迈进。这是第一次国共合作从成功到失败的过程，之后就是十年内战即土地革命时期，毛泽东同志开辟了"农村包围城市、武装夺取政权"的中国革命新道路，成功将马克思主义同中国具体实际相结合。

抗日战争时期实现第二次国共合作，是中共掌握历史命运，把握时代大势，引导历史朝着正确方向推进的最成功、最具有典型意义的例子。《复兴文库》第二编第五卷至第八卷总共有四卷 23 册历史文献反映第二次国共合作期间的历史，这是中国共产党成功把握时代大势，体现中共把握历史前进方向能力的典型案例。

实现抗日战争胜利最基本的条件就是要建立抗日民族统一战线，这个道理很简单。1931 年九一八事变后，日本侵华野心逐渐暴露，侵华行动一年比一年剧烈，中国共产党认识到日本侵华引起的民族矛盾可能会超过国内的阶级矛盾，超过工人阶级和地主阶级、地主和农民阶级之间的阶级矛盾。所以土地革命时期的国共对立政策要做适当改变，中共这时候已经开始逐步认识到了。

在九一八事变第二天，中国共产党就发表了谴责日本侵略的宣言，呼吁大家共同起来抗日。

1933 年 1 月 17 日，中华苏维埃临时中央政府、中国工农红军革命军事委员会以毛泽东同志、朱德同志名义发表宣言，提出红军愿意在三个条件下和全国任何军队（这个任何军队是包括国民党军的）共同抗日，反对日本帝国主义侵略。体现了民族矛盾上升为主要矛盾，阶级矛盾要服从于民族矛盾的思想，体现了建立抗日民族统一战线的思想。

1934 年 4 月，中共以中国民族武装自卫委员会筹备会的名义，通过争取国民党左派宋庆龄、何香凝等 1779 人签名同意，发表了《中国人民对日作战的基本纲领》，这个基本纲领是中国共产党起草的，但不是以中国共产党的名义发表的，而是以宋庆龄、何香凝等 1779 人的名义发表。提出"把一切海陆空军立刻开赴前线，对日作战，立刻停止一切内战，立刻停止屠杀中国同胞的战争"的主张和号召。中共"停止内战"的主张第一次出现在公开文件中。鉴于民族矛盾正在超过阶级矛盾，1935 年中共发表抗日救国的《八一宣言》，一直在呼吁"停止内战，一致抗日"，呼吁建立抗日民族统一战线，积极主动调整阶级关系。

1935 年至 1936 年，中国共产党把"停止内战，一致抗日"作为当前的主要口号加以推动。正是因为这个口号向全国推动，才形成了中国共产党从"反蒋抗日""逼蒋抗日"到"联蒋抗日"的转变。"停止内战，一致抗日"这个主张在当时赢得了全国民心，成为时代主基调，为社会各阶层所接受。

为了推动抗日民族统一战线建立，中国共产党除了发布党内文件，教育干部和党员执行抗日民族统一战线的路线和政策，还反复向全国人民、各政党、社会团体、一切军队呼吁，不分信仰，不分派别，一切不愿意做亡国奴的人团结抗日，一致救国。当时蒋介石国民党政府在日本大敌当前的时候没有想到抗日，提出来的基本方针却是"攘外必先安内"。

中共总是能够运用马克思主义基本理论来权衡国内外情势变化，积极主动应对时代向国家和人民提出的历史任务。当日本大举侵华，大敌当前，中共为了推动抗日民族统一战线的建立，放下与国民党的深仇大恨，积极做国民党、国民党政府当权派以及军队将领的工作。红军长征到了陕北后，在西安事变前，为了推动抗日民族统一战线的建立，中共中央曾经给国民党二中全会写了一封信，向当时各党各派发表通电，呼吁"停止内战，一致抗日"。

正是在这样的推动和不懈努力下，和平解决了1936年西安事变。西安事变中，张学良、杨虎城提出的口号就是"停止内战，一致抗日"，完全把中共的口号变成了他们的口号，蒋介石后来也不得不在口号上接受了"停止内战，一致抗日"的主张。这就形成了第二次国共合作共同抵抗日本侵略的政治基础和国家现实，国共之间才有可能开展第二次合作。

1937年七七事变以后，正式形成以国共两党为中心的抗日民族统一战线，实现全民族抗战。1937年8月，中共中央在陕北洛川召开政治局扩大会议，通过了《抗日救国十大纲领》，提出打倒日本帝国主义、全国军事总动员、全国人民总动员、改革政治机构、抗日外交政策、战时财政经济政策、改良人民生活、抗日教育政策、肃清汉奸卖国贼亲日派、抗日的民族团结等十大主张，用纲领积极引导，推动了全国抗战民意，推动了全面抗战。

1938年3月29日，中国国民党临时全国代表大会开幕，但一上来就提出这次大会最根本最重要的一件事就是国民党自身的改进。当时日本帝国主义深入中国国土，南京、上海沦陷，又处在武汉会战前夕，这是抗日救国最紧张的时候，蒋介石在开幕词中没有提抗日救国政治大计，却长篇检讨国民党的组织路线。当然，在全国人民抗战热情的压力下，在中共积极建言和督促下，这次大会在国民党的历史上是有建树的。大会通过了大会宣言和《抗战建国纲领》等一系列决议案，中国共产党提出的是《抗日救国十大纲领》，大会也仿照中共提出了《抗战建国纲领》。这个纲领对夺取抗日战争胜利，执行政治、经济、外交、军事、民众、教育政策等方面，提出了相应的主张。国民党临全大会的召开及通过的《宣言》和《纲领》确定了中国抗日战争的基本方略，决定了抗战时期中国的基本政治格局具有一定的进步性和合理性。这是中共努力推动的结果，是全国抗战民意督促的结果。

当然，国民党抗战救国纲领仍然寄希望于国际社会的同情和援助，对于发动和依靠群众抗战还是有不少限制，对于战争的认识也有一定的局限，同时《宣言》当中也还有反共内容，这些与中国共产党提出的全面抗战路线存在区别。

为了动员全国各阶层集中力量去抗战，党中央专门就蒙古族、回族等少数民族问题多次发布文件，还专门就长江流域的哥老会，包括长江流域上海一带的青帮、洪帮发了文件，要求采取适当政策，动员国内各民族、社会各阶层民众都参加抗日民族统一战线，动员最广泛的人民群众一致抗日，同时要照顾他们的合理需求，等等。这些工作只有中国共产党能做到，其他任何党派也不可能考虑这些因素，只有中国共产党动员全民族，动员各个阶层、各个阶级的人一起走上抗日第一线，尽可能减少抗日阻力，在这方面下了很多功夫。

比起国民党政府掌握全国政权和全国资源，中国共产党的力量还是相对弱小的，如何在政治上、在思想上赢得民心，赢得社会各阶层支持，实际上是党面临的一个重大问题。第二次国共合作期间，中国共产党用正确的政策动员了民众，赢得了民心，推动了全国抗战朝着自己提倡的方向发展，掌握历史方向的能力体现得非常明确。

同时还有根据地政权建设问题，中国共产党在敌后开辟了广大的抗日根据地。中国共产党在根据地进行了全面的政权建设，实施了三三制、减租减息等有利于调动各阶层人民抗战积极性的政策，形成坚不可摧的抗战意志。中国共产党在抗日根据地的局部执政积累了丰富的经验，成为新中国成立以后全国执政能力的来源之一。进行根据地民主政权建设，是中国共产党在1937年通过的《抗日救国十大纲领》内容之一。国民党在1938年通过的《抗战建国纲领》也有关于改进政治结构和政府结构的条文，但是实际上很难指望国民党在民主政权建设上做什么工作，很难指望他们能够做到让社会满意的程度。抗日根据地的民主政权建设就是给全国政权建设提供一个范本，就是要给未来新中国的政权建设提供一个范本。陕甘宁边区政权建设又是各个抗日根据地政权建设的标准，所以毛泽东同志非常重视陕甘宁边区的政权建设。

1937 年、1938 年陕甘宁边区曾先后颁布 2 次施政纲领。1941 年 5 月 1 日，又颁布了一个陕甘宁边区施政纲领，当时也叫五一纲领。这个施政纲领是根据毛泽东同志的新民主主义理论，根据中央有关抗日根据地政权建设的指示提出和制定的，更加全面鲜明地体现了中国共产党团结抗战的基本方针和边区建设新民主主义社会的方针。

全部抗战历史证明中国共产党指引的方向是符合中国历史发展规律的，是符合人民最大利益的，是始终抓住中华民族复兴的大方向的。党始终紧紧依靠人民，用奋斗和牺牲取得了新民主主义革命的完全胜利。历史证明中国共产党始终是站在历史大道一边，站在历史正义一边，站在绝大多数人民利益一边的。《复兴文库》选录了反映这一特点的大量文献。《复兴文库》的思想价值很值得进一步提炼和总结，为我们坚定历史自信、文化自信提供思想源泉，为学习宣传贯彻党的二十大精神提供思想涵养和启迪。我们可以从中找到走好中国道路的思想力量、精神力量和文化力量。

《复兴文库》第二编收集反映中国共产党主导历史方向的文献还有很多。如第九卷中国向何处去的战略抉择，第十一卷解放区土地制度改革的理论探索与实践，第十二卷中国共产党的建设，第十三卷马克思主义的中国化与毛泽东思想，第十四卷为实现民族独立和人民解放而奋斗，等等。

我们常常会思考解放战争为什么不到四年的时间，中国共产党的军事力量就能够把掌握全国政权、掌握几百万军队而且有大量美元支持的国民党政府推翻？

最重要的是在抗日战争期间，中国共产党动员了全国最广泛的人民群众，赢得了全国最广泛的民心。中国共产党的政策、方针不仅赢得了根据地的民心，而且赢得了大部分国民党统治区的民心。1944 年抗战末期，日本发动了所谓一号作战，把战争从河南一直打到湖北、湖南、广西，几乎要占领贵阳，对于重庆有极大的威胁。当时在重庆、昆明这些大后方的工商业者很怀疑，说：我们交这么多税，为什么养不出一支能打仗的军队？昆明西南联大的教授们对国民党政权丧失了信心，反而对延安的中共增强了信心，就是因为中共在抗战时期的政治正确性。

正是因为有了正确的政治政策、军事政策和外交政策，中国共产党用短短几年时间就把国民党号称 800 万军队都打垮了。淮海战役国民党几十万大军，庞大的后勤部队都是美式装备武器，有汽车、坦克各种先进设备，解放军只有前线冲锋的部队，后勤部队就是广大的人民群众。

笔者在山东黄县农村调查时就发现，当时黄县的农民几乎每一个人都推着小车走向了淮海战役战场，他们成为人民解放军的后勤部队，他们把弹药和粮食运到前线，把伤员运到后方。这是任何其他的政府军都做不到的，只有中国共产党做到了这一点。所以这些可以用来解释中国共产党在解放战争时期三四年就能取得完全的胜利，追溯至抗战时期中国共产党方针路线的正确，真正把握住了历史前进的方向，推动了中国历史向着理想的方向前进。

中国式现代化推动人类文明新形态的形成 [*]

　　中国特色社会主义创造了中国式现代化，创造了人类文明新形态，推动了中华民族的伟大复兴事业。习近平总书记指出："要建立中国特色、中国风格、中国气派的文明研究学科体系、学术体系、话语体系，为人类文明新形态实践提供有力理论支撑。"人类文明新形态本质上指的是社会主义社会文明新形态，是对社会主义运动历史的高度总结、是对马克思主义社会形态学说的完善和发展、是马克思主义中国化时代化的突出表现。中国式现代化推动了人类文明新形态的形成，是中国共产党领导和全力推进的中国特色社会主义的结晶。

＊ 本文原载于《中国社会科学报》2023 年 5 月 11 日第 1 版。

中西两种现代化模式的相同与不同

所谓现代化，大体上分成资本主义现代化、社会主义现代化、殖民地半殖民地国家的现代化和依附型现代化。其主要代表是资本主义现代化和社会主义现代化。依附型现代化本质上与资本主义现代化相同，殖民地半殖民地的现代化，可以走向资本主义现代化，也可以走向社会主义现代化。中国式现代化（社会主义现代化）与西方国家现代化（资本主义现代化）的共同特征，就是追求工业化、城市化、自动化、数字化、社会治理的民主化等。但是中国式现代化与西方国家现代化，在发展方向、原始积累、社会效果等方面有着本质区别。

中国式现代化是中国共产党领导的，是马克思主义中国化时代化思想指导的，它的发展方向是中国特色社会主义，是人类文明新形态，是促进通向未来共产主义的现代化。资本主义现代化是各国资产阶级主导的，在市场的环境下自由发展的，它的发展方向是自由资本主义到垄断资本主义，是资本主义到帝国主义。在从资本主义到帝国主义的过程中，资本主义世界充满了战争和屠杀，世界极不安宁。资产阶级的政治家、思想家们力图向人们描绘人类社会将停止在资本主义发展阶段的"美好"图画上，反对共产主义思想和实践。

两种现代化的原始积累完全不同

西方国家现代化的原始积累，在国外是靠战争、掠夺、炮舰政策，靠对殖民地的压榨和剥削，靠绝对不人道的种族灭绝手段来实现的，靠不断对外发动侵略战争来发展的，葡萄牙、西班牙、荷兰、英国、法国、德国、日本、美国等国家现代化的历史无不如此；在国内则是建立在对农民、农村的超经济的、强制的剥削和消灭，对工人阶级的剩余价值的剥夺上来实现的。17—18 世纪，英国、法国对农村、农民采取的是超经济强制剥夺手段，逼迫农民失去土地，进城成为工人阶级的劳动后备军，而后对工人阶级采取无情剥夺剩余价值的手段，这方面，马克思已经做了深刻分析。资本主义现代化过程充满了不人道的、血淋淋的画面。

中国摆脱半殖民地半封建社会，走上社会主义道路时，国家是一穷二白的，工业化水平极其低下。中华人民共和国成立之初，全国只有 90 万吨钢的炼钢能力，当中国人民志愿军在朝鲜与美国军队抗争时，美国拥有的炼钢能力是 8000 万吨。毛泽东同志曾经感慨道：现在我们能造什么？能造桌子椅子，能造茶碗茶壶，能种粮食，还能磨成面粉，还能造纸。但是一辆汽车、一架飞机、一辆坦克、一辆拖拉机都不能造。因此，在当时的情况下，中国依靠既有的工业能力支撑大规模工业化的原始积累，是根本不可能的。中国不能对外发动战争，不能掠夺国外资源，中国工业化的原始积累与对外掠夺和战争毫无关系，是靠全体中国人民节衣缩食、艰苦奋斗得来的。这一积累方式的国内条件主要有以下几点。第一，重视农业，重视农民农村的合作化，以农产品销售所得资金支持工业化；第二，利用国内工业品和农产品的剪刀差积累资金；第三，党政干部、政府部门和工厂企业实行低工资，也是一种资金积累方式。这种自力更生的积累方式，归纳成一句话就是积累压缩分配。新中国成立初期，全体中国人民咬紧牙关，克服日常生活的困难，形成了中国工业化的原始积累，有利于中国工业化体系的初步建立。原子弹爆炸和卫星发射成功，解放牌卡车、红旗小汽车、万吨轮船、万吨水压机的成功制造，是中国工业化体系初步建立的集中体现，"勒紧裤带搞建设"是那个时候的典型语言。中国人民艰苦奋斗的精神，是那个时代中国工业化原始积累的精神写照。这就是中国式现代化的起步条件。这个起步是人类现代化过程中最文明的、最有效率的、最公平的。与西方血淋淋的现代化相比，我们充满了历史正义感，充满了历史自信，我们对人类现代化的发展贡献了中国智慧。

两种现代化的社会效果区别明显

资本主义现代化，生产资料为资本家私人占有，追求资本的最大化、追求利润最大化、追求对社会财富的垄断，因而造成贫富悬殊、社会分裂，工人阶级的相对贫困化日益加剧。2011年，美国发生"占领华尔街"事件，占领者打出的标语是"99%"。这缘于美国一份调查表明，99%的老百姓与1%的富豪之间贫富分化加剧。这个调查数据未必很精准，但它大体反映了社会财富占有状况是真实的。社会财富集中在 1% 的富豪手中，非常典型地揭示了资本主义社会的社会特征。在美国式现代化过程中成长起来的美国军工企业财团控制了美国政府、国会的走向，成为对外发动侵略战争的代名词。

中国式现代化实现的社会效果完全不同于西方式现代化。中国社会主义的工业体系初步建立后，在探索社会主义道路的过程中实行了改革开放政策，在坚持共产党领导、社会主义道路的同时，通过对外开放，采纳了西方现代化过程中有益于生产力发展的经营管理经验和手段，完善了中国式现代化的管理方式。主要是借鉴西方市场经济方式，在中国建立了社会主义市场经济体制，用来调节资源分配和建立市场体系，形成国内国际两个市场的融合，用数字化形成新型的工业化体系和市场体系，确立了中国特色社会主义的经济制度。同时，把从苏联学习的计划经济指令模式，改成了计划经济指导模式，使僵化的经济运行模式变得灵活了。

习近平总书记指出，"坚持和完善社会主义基本经济制度，毫不动摇巩固和发展公有制经济，毫不动摇鼓励、支持、引导非公有制经济发展，充分发挥市场在资源配置中的决定性作用，更好发挥政府作用。深化国资国企改革，加快国有经济布局优化和结构调整，推动国有资本和国有企业做强做优做大，提升企业核心竞争力"。通过改革，生产资料所有制由单一的国有经济演变为国有经济和民营经济，二者毫不动摇地相互推进发展。无论国有经济还是民营经济，都在中国特色社会主义的大框架下运营，为中国特色社会主义服务。中国经济的经营管理体制采取社会主义市场经济，使市场在资源配置中起决定性作用。同时，中国经济的经营管理强调更好地发挥政府作用，政府的主要职能是制定经济发展的宏观方针与政策，调节市场主体之间的关系，发挥生产力诸要素的积极作用，支持资本健康发展，引导资本沿着中国特色社会主义的方向运作，防止资本无序扩张，建立社会主义市场经济体制的法制环境。中国特色社会主义还要求正确处理市场运行中的义利之辨，既不是只要义不要利，也不是只要利不要义。以义统率利，则得正当之利；以正当之利充实义，则社会生活能正常进行，物质财富与精神财富相得益彰。对于中国化的马克思主义而言，应该以义约束利，提倡利益合理化、利润合理化、市场合理化，使参与市场运行的主体都有获得感。

社会主义市场经济是中国特色社会主义经济制度的中心一环，在中国式现代化的经济制度中发挥着组织经济活动的杠杆作用。社会主义市场经济是中国式现代化特有的，与资本主义现代化有着本质的区别。区别在于，社会主义市场经济是中国共产党领导下的市场经济，不是资本主义市场经济下自由放任的市场经济，社会主义的政治制度、社会主义的经济制度约束了市场经济的自由放任行为，使它按照社会主义的目的行动，规范资本的行为。社会主义市场经济也与苏联社会主义现代化不同，苏联拒绝了市场经济体制参与经济运行，采用的是政府主导的计划经济模式，经济运行僵硬，缺乏市场调节作用，不利于生产力的高速发展。

中国式现代化的目的，是以人民为中心，促进共同富裕，提高全体人民的生活水平。70 多年来，特别是最近 40 多年来，中国在这方面做出了巨大的努力。消除贫困是这方面努力的基本内容。到 2020 年 11 月，全国 832 个贫困县全部实现脱贫摘帽，12.8 万个贫困村全部出列，现行标准下 9899 万农村贫困人口全部脱贫，所有深度贫困地区的最后堡垒被全部攻克，区域性整体贫困得到解决。这是每个中国人可以触摸到的社会现实，是中国几千年历史未有先例的，在世界历史上也不曾有哪个国家取得过这种成绩。让人民脱贫，让人民生活在安定康乐的环境中，这是中国式现代化的目的。

中国式现代化推动人类文明新形态形成

按照马克思主义社会形态学说，人类告别了原始社会的蒙昧状态后，从奴隶社会开始，人类就进入了文明社会。迄今为止，人类历史上经历了奴隶社会文明（奴隶社会形态）、封建社会文明（封建社会形态）、资本主义文明（资本主义社会形态）、社会主义文明（社会主义社会形态）。

在社会主义社会形态出现之前，资本主义社会形态是人类进入文明社会以来，文明程度最高的社会。马克思、恩格斯曾经高度评价资本主义生产方式的革命性作用。资本主义生产方式经历了长期发展过程，是生产方式和交换方式等一系列变革的产物。资本主义各国的差别虽然很大，政治、经济制度各有不同，但资本家私人占有生产资料，以利润最大化为生产目的，以剥削无产阶级和劳动者的剩余价值为基本手段是相同的。社会上绝大部分财富集中在极少数人手中，贫富悬殊也是资本主义社会形态的一个特征。追求利润无限大，造成了资本的垄断性。垄断资本追逐市场、资源和利润，基本手段是超经济的和经济的掠夺，这就形成帝国主义是战争发动者的根本特征。进入20世纪以来，世界上的大规模战争，包括两次世界大战，都是资本—帝国主义发动的。第二次世界大战结束以后，世界上的侵略战争行为，大多是以美国为首的资本—帝国主义国家发动的。

中国式现代化比苏联社会主义现代化晚些。苏联社会主义现代化比资本主义现代化晚很多。苏联实行生产资料公有制，农村实行集体农庄制度，经济生产实行完全的计划经济。不过几个五年计划，原本落后的经济就被迅速提升了，苏联成为比较先进的工业化国家，工业能力成为欧洲第一强，在世界上仅次于美国，并赢得了第二次世界大战暨反法西斯战争的伟大胜利，苏联历史学家称之为"伟大的卫国战争的胜利"。苏联社会主义现代化为社会主义发展积累了一定的经验，这些经验主要是苏联共产党的领导、马克思列宁主义有关科学社会主义的思想指导，以及全国统一的计划经济模式。但是，1953年斯大林去世后，特别是1956年苏共召开二十大后，苏联放弃了列宁、斯大林的社会主义理想和实践，放弃了苏联共产党的领导责任，计划经济模式更加僵硬，造成经济发展滞后，导致苏联和东欧社会主义国家纷纷解体。俄罗斯和东中欧原社会主义国家改旗易帜，接纳了资本主义制度。

苏联的解体说明苏联社会主义现代化不是成功的社会主义现代化案例，为社会主义运动、为社会主义现代化留下了许多遗憾。当然，苏联社会主义现代化的失败，不等于社会主义现代化的失败。中国在学习、吸纳苏联社会主义建设经验的基础上，形成了自己的经验与特色，完成了马克思主义基本原理与中国社会主义实践的结合，为社会主义现代化提供了新的动力和经验。这首先体现在国民经济发展序列上，其次体现在工业发展的积累上，最后体现在计划经济与利润、经济发展与刺激手段上。中国结合自己的实践有了思考，把苏联发展国民经济的重工业—轻工业—农业顺序改成了农业—轻工业—重工业顺序，强调了农业是国民经济的基础，优化了轻工业发展为重工业提供资金积累的能力，同时重视重工业的发展。这一改变也解决了工农业发展的比例和积累问题。当苏联社会主义现代化失败的时候，中国在自己探索的基础上稳定地站了起来，形成了邓小平理论、"三个代表"重要思想、科学发展观，形成了习近平新时代中国特色社会主义思想。这是马克思主义中国化时代化的飞跃，是中国式现代化理论和实践的升华。

中国式现代化是中国共产党领导的，在马克思主义中国化时代化理论指导下取得成功的社会主义现代化。习近平总书记在党的二十大报告中深刻地指明了中国式现代化的本质特征。习近平总书记强调，中国式现代化，是中国共产党领导的社会主义现代化，既有各国现代化的共同特征，更有基于自己国情的中国特色。

中国式现代化是人口规模巨大的现代化，是全体人民共同富裕的现代化，是物质文明和精神文明相协调的现代化，是人与自然和谐共生的现代化，是走和平发展道路的现代化。

中国特色社会主义的相对物不是资本主义，而是苏联社会主义。中国式现代化的相对物不仅是资本主义的现代化，还包括苏联社会主义的现代化。它的基本特点是：坚持中国共产党的领导，坚持社会主义道路，坚持对外开放，集中精力发展经济，尽快提升社会生产力，把资本主义现代化积累起来的成功的经营管理方式、市场经济模式吸纳入社会主义经济管理的运行方式中来，形成社会主义市场经济制度。社会主义市场经济制度是前无古人的，既不是资本主义的经济制度，也不是苏联社会主义的经济制度。在中国共产党领导下形成的政治制度和经济制度下，中国社会主义终于摆脱了苏联社会主义失败的阴影，在世界多种经济、政治体制的比较中站立起来而傲视群雄了。中国式现代化是在工业化水平极其落后的基础上实现的，是在幅员广大、人口众多的条件下实现的。这些条件，是所有其他现代化国家不曾具有的。在中国共产党坚强领导下建立的政治制度和经济制度作用下，中国人民的精神力量得到高度发扬，中国的社会生产力在短短70多年的时间里获得了高速发展，社会生活长期稳定，经济总量不仅超越了苏联，也超越了美国以外的主要资本主义国家，在追赶美国的过程中，把其他资本主义国家远远抛在后面。西方式现代化经历了大约400年时间，中国式现代化只有70多年，中国就发生如此巨大的变化，根本条件就是始终坚持中国共产党的领导，就是中国共产党按照马克思主义基本原理与中国历史和社会实际相结合形成的中国化的马克思主义理论，就是毛泽东思想、邓小平理论、"三个代表"重要思想、科学发展观和习近平新时代中国特色社会主义思想的指导。离开了这个党，离开了这些指导思想，中国特色社会主义的实现是不可能的，中国式现代化的实现是不可能的。正如习近平总书记指出的，中国特色社会主义最本质的特征是中国共产党领导，中国特色社会主义制度的最大优势是中国共产党领导。

习近平总书记强调："中国式现代化的本质要求是：坚持中国共产党领导，坚持中国特色社会主义，实现高质量发展，发展全过程人民民主，丰富人民精神世界，实现全体人民共同富裕，促进人与自然和谐共生，推动构建人类命运共同体，创造人类文明新形态。"我们可以得出一个基本结论：中国特色社会主义、中国式现代化正在推动人类文明新形态的形成。从中国式现代化的历史经验来看，中国特色社会主义的基本特征是：公有制为主体、多种所有制经济共同发展，毫不动摇巩固和发展公有制经济，毫不动摇鼓励、支持、引导非公有制发展的经济基础代表的高度发展的物质文明；以人民民主专政为国体、以人民代表大会制度为政体的全过程人民民主代表的政治文明，这种政治文明体现了国家和社会治理的民主化进程，体现了中国共产党与各民主党派和社会团体协商民主的过程；以马克思主义基本原理同中华优秀传统文化相结合为代表的中国特色社会主义的精神文明，这个精神文明体现了自强不息、天下为公、以民为本、民贵君轻、安民富民、孝悌忠信、礼义廉耻以及清廉从政、勤勉奉公、力戒奢华、居安思危、亲仁善邻、协和万邦的"大同思想"，也就是马克思主义提倡的共产主义思想；以共同奋斗、共同富裕、追求平衡发展代表的社会文明，这种社会文明体现了社会生活高度稳定、和谐的特征，体现了人人都为中国特色社会主义贡献创造性力量，人人都有获得感，人人都对社会发展的未来寄予期望和自信；以"绿水青山就是金山银山"为代表的生态文明，这种生态文明体现了道法自然、天人合一、人类社会与自然环境协调发展、人与生物和谐发展，为全体人民提供了美丽、繁荣的生活环境，人人都有幸福感。

在习近平新时代中国特色社会主义思想指导下，中国式现代化为我们创造了高度发展的现代化生产力、公平正义的分配方式、民主法治的社会样态、和谐美丽的生活环境、昂扬奋进的精神力量，这是中国历史上从未出现过的太平盛世，为中华民族伟大复兴描绘了前景。我们可以自豪地说：中国式现代化推动着人类文明新形态的形成。

中华文明具有突出的创新性*

自古以来，中华文明在继承创新中不断发展，在应时处变中不断升华，积淀着中华民族最深沉的精神追求。习近平总书记指出："中华文明具有突出的创新性，从根本上决定了中华民族守正不守旧、尊古不复古的进取精神，决定了中华民族不惧新挑战、勇于接受新事物的无畏品格。"深刻认识中华文明的悠久历史、感知中华文明的博大精深，就要深刻把握中华文明具有突出的创新性这个重要特征。这不仅有利于我们树立正确的文明观、历史观，而且对于在新的起点上继续推动文化繁荣、建设文化强国、建设中华民族现代文明具有重要意义。

中华文明源远流长、博大精深。自强不息、革故鼎新、与时俱进是中华文明永恒的精神气质，追求日日新是中华文明的鲜明特点。回顾历史可以看到，中华文明突出的创新性，鲜明地体现

---

* 本文原载于《人民日报》2023 年 6 月 27 日第 9 版。

在国家制度和国家治理思想的发展中。周朝实行分封制。秦朝统一中国后在地方上采用郡县制，实行"书同文，车同轨""令黔首自实田"，推动政治、经济、文化制度在继承中创新，建立了中央集权的统一多民族国家。后来，隋唐开创实行科举制、元代确立行省制度、明代废除宰相制度、清代实施对少数民族因俗而治的政策等，都是对国家治理体系的重大创新，都不同程度体现了中华文明中"变则通"的创新思想。

中华文明具有突出的创新性，还体现在我们创造了灿烂辉煌的文化。从思想到器物、从艺术到科技，中华文明突出的创新性在历史长河中熠熠生辉。中华民族不仅涌现了老子、孔子、庄子、孟子、墨子、孙子、韩非子等闻名于世的伟大思想巨匠，产生了儒、道、墨、名、法、阴阳、农、杂、兵等各家学说，创作了诗经、楚辞、汉赋、唐诗、宋词、元曲、明清小说等伟大文艺作品，传承了格萨尔王、玛纳斯、江格尔等震撼人心的伟大史诗，在科技上也有诸多领先世界的发明……正是我们自己创造和培育的独具特色、博大精深的中华文化，为中华民族生生不息、长盛不衰提供了强大精神支撑。

鸦片战争以后，由于西方列强入侵和封建统治腐败，中国逐步成为半殖民地半封建社会。中国共产党坚持以马克思主义为指导，团结带领中国人民不断推进理论创新、实践创新、制度创新、文化创新以及其他各方面创新，彻底摆脱了被欺负、被压迫、被奴役的命运。回顾历史，为什么照搬西方政治制度模式的各种方案都不能完成中华民族救亡图存和反帝反封建的历史任务？为什么中国共产党能够带领中国人民成功开辟实现中华民族伟大复兴的正确道路？究其原因，在于中国共产党坚持把马克思主义基本原理同中国具体实际相结合、同中华优秀传统文化相结合，把马克思主义中国化时代化的科学理论作为治国理政的指导思想，尊重中华文明发展的历史脉络，同时发扬恪守正道、与时俱进、革故鼎新的历史文化传统，为中华民族生生不息、发展壮大提供了不竭的思想源泉。

习近平总书记强调："守正才能不迷失方向、不犯颠覆性错误，创新才能把握时代、引领时代。"回望历史，我国国家制度和国家治理思想的传承和创新，深刻体现了中华文明勇于创新、善于创新的人文传统和治理智慧。天下为公、天下大同、民为邦本、富民厚生、义利兼顾、自强不息的优秀价值理念为中国共产党所继承和发展，"为万世开太平""先天下之忧而忧，后天下之乐而乐"等主张又在中国共产党治国理政过程中结合新的时代条件不断推陈出新。百余年来，我们党继承和弘扬中华文明具有的突出的创新性，用马克思主义真理的力量激活了中华民族历经几千年创造的伟大文明，使中华文明再次迸发出强大精神力量。作为中华文化和中国精神的时代精华，习近平新时代中国特色社会主义思想的创立是我们文化主体性的最有力体现，标志着中华民族和中国人民的文化自信、文化自觉达到了新的历史高度。

新时代新征程，我们要大力弘扬中华文明具有的突出的创新性，扎根中华大地，继续推进中华优秀传统文化创造性转化、创新性发展，把马克思主义的思想精髓和中华文化的精神特质融会贯通起来，为全面建设社会主义现代化国家、全面推进中华民族伟大复兴注入强大精神力量。